U0931841

修著作精選

與神同誦

靈閱的意義與實踐

大衛·福斯特 著　陳永財 譯

基道出版社

▼

靈修著作精選

與神同誦

靈閱的意義與實踐

Reading with God

Lectio Divina

作者
大衛・福斯特 David Foster

譯者
陳永財

責任編輯
李慧儀

裝幀設計
奇文雲海・設計顧問

■

出版 / 發行
基道出版社
香港沙田火炭坳背灣街 26 號富騰工業中心 10 樓 1011 室
LOGOS PUBLISHERS
Unit 1011, 10/F, Fo Tan Ind. Centre, 26 Au Pui Wan St., Shatin, Hong Kong
電話：(852) 2687-0331　傳真：(852) 2687-0281
網址：https://www.logos.com.hk

承印
陽光(彩美)印刷有限公司

●

12/2007 初版
Cat. No. LP628A
ISBN: 978-962-457-345-9
Originally published under the title: Reading with God

刷次	10	9	8	7	6	5	4	3
年份	2030	2029	2028	2027	2026	2025	2024	2023

· 目錄

前　言

誰想有生命？或者想看見好日子？想想我們其中一個城市任何擠迫的地方。一個商場、一個車站或機場。人們轉來轉去，有些人比其他人更有目的，有些人明顯在趕時間——到哪裏？我們看見他們，每個人都有自己的故事要講，有計劃要實現，但我們從來都不問他們。當然不。那與我們無關。有人問我們意見，我們避免回答，對他們想問甚麼感到焦慮，因為浪費時間而感到苦惱。或許有人在搖著一個鐵罐，要求人們捐錢——這是另一個騷擾，但零錢不算得甚麼，那個襟章讓我們在周圍有人時做一點好事，給我們一點休戚與共的感覺。我們真正希望的是甚麼？我們有沒有認真想過？沒有時間。但我們準備好去做嗎？還是我們寧願將真正重要的問題擱在一旁？生命很大部分的困難是它給我們很少幫助，令我們能夠感到自己在生活；也就是說，或許我們有事業、假期、家庭，但我們很容易將自己的生命當為單一的故事那樣講述，由開始到結束，有給它一個形狀的真正感覺，有空間安排它的不同元素，一個講述我是誰，我有甚麼目標，我有甚麼盼望的故事。

一羣小學六年級學生曾經講述他們認為甚麼才是真正重要的問題，那就是幾乎沒有時間思考。他們列出來的清單，是一張奇怪的清單，因為它幾乎是沒有時間限制的，而且宗教意味十分濃厚。它們是宗教信仰的核心問題：我是誰？有甚麼意義？我可以盼望甚麼？我來自哪裏？我向哪裏走？我真正想得到甚麼？那是否值得？

這本書是關於一個讓我們可以有機會探討好像這類問題的方法的。它是關於我們可以怎樣學習講述我們生命的故事，以及最重要的是，將每一天的匆忙和跌撞，或者只是空虛，連繫到那些信仰的大問題。這本書從基督教的傳統出發，是關於基督徒怎樣藉著學習一種閱讀聖經的方式，學習講述自己的信仰故事。聖經或許是最偉大的信仰故事，追溯到舊約的亞伯拉罕，以及發展對上帝的信仰的漫長歷史，這不單模塑了猶太人的宗教身分，也模塑了耶穌的心和思想，以及所有相信祂的人的心和思想。這種閱讀的方式稱為靈閱（*lectio divina*；另譯作靜讀法或禱讀法）。

事實上，它遠遠不單是一種閱讀的方式；它是一種禱告的方式，讓聖經的話照亮我們的經驗和理解，並運用它來滋養上帝在我們的心和思想裏同在的感覺，讓我們可以聆聽祂，讓祂幫助我們在與祂的關係中找到自己。這是一種以聖經閱讀及禱告的古老方式，但這種方法現在證明是愈來愈有價值，可以幫助人們對自己的生命有更深刻和更完全的了解。它實際上是基督教祈禱傳統的中心，因此在一般的修道生活中有尊貴的地位，特別是在本篤會的實踐中。但上帝不單藉著聖經向修士說話；而靈閱也不單是修士所做的事情。

在修士的規條的序言（第14~20節）中，聖本篤（St. Benedict）想像上帝在一個擠迫的市集出現。他描述上帝尋找工人，但卻沒有說那工作是甚麼，也沒有說祂要求甚麼。祂只是問誰想要生命，或者想見到好日子——這是一種招募的行話！但實際上上帝心目中沒有任何特定的工作；那不是關乎完成甚麼特定的任務。祂只是問誰想要生命。那是關乎活得好的問題。

那麼，真正的任務是生命。聖本篤接著描述修道院作為一個人們可以那樣得到生命的地方，他們可以依從一個可以帶領他們到天堂的計劃。但在開始那個計劃前，他只是敦促那些想聆聽上帝的人，聆聽祂聲音的甜美；在祂不會撇下我們，而會與我們同在，在生命的路途上一直引導我們這事實中找到鼓勵。本篤想修道院成為上帝的話語可以得到閱讀、聆聽和實踐的其中一個地方。

學習閱讀聖經，聆聽它，令它成為禱告生命的來源，啟發和引導我們的日常生活——不單是為了修士和修女；也是為了所有相信的人。那是關乎怎樣找到一種運用聖經的方式，作為建立我們生命的方法，無論我們是誰，也無論我們生命中有甚麼地位。那是關乎怎樣在讀經，向上帝開放我們的心時，聆聽上帝向我們說話。

它是獻給所有在禱告中尋求上帝的人的。因為它源自一個信念，相信禱告是與上帝對話，在其中最重要的任務是學習聆聽上帝。我們可以對聖經有很多認識；但對大部分人來說，我們對上帝向我們所說的話都所知甚少。靈閱是一種學習怎樣聆聽上帝的方法。基督徒相信上帝向我們說話。我寫這本書的信念是，聖經是一間學校，讓我們學習明白上帝的語言——聖經也教導我們一種在禱告中使用的語言。

有很多書籍教導靈閱，但正如很多生命的技巧一樣，我們很容易誤入歧途，閱讀很多書籍，卻沒有親自運用有關技巧。最好的方法是實際地開始。我們嘗試培養一種對閱讀的體會時，這的確是真實的。這本書的主要目的是探討聖經本身怎樣教導我們閱讀聖經，而在這樣做時，能夠令我們向上帝張開耳朵。以下的主要焦點將會是福音書，因為在那裏可以最直接接觸耶穌基督，而且是耶穌教導我們聆聽上帝的話語。有些經文也會來自被列入新約的書信；它們見證最初的基督教會從耶穌學到的東西。我們也必須記得，舊約包含猶太聖經，對耶穌來說，那是上帝的話語，耶穌的追隨者也總是閱讀它。在好像這樣的書，只能夠提及很少猶太聖經，這令我感到遺憾，但這本書只是想幫助讀者開始。

不過，我需要提出一個警告。這本書安排成一系列對聖經一些簡短段落的思想，可以幫助我們學習了解上帝向我們說話的方式。經文本身是用來進行靈閱的。這不是供快速閱讀的書。它需要以默想的方式來使用。如果將經文配合聖經使用，可以運用上下文和其他參照，可以更好地運用經文。這本書使用的是修訂標準譯本（RSV），但任何人都可以使用其他譯本。我在修訂標準譯本顯得彆扭時也修改了譯文。我們也會考慮在靈閱中比較不同譯本的好處。〔譯按：本書使用新標點和合本，如有需要，會照原書的聖經譯文翻譯經文，以便對應討論。〕

這是一本手冊；它的目的純粹是實用性的。這本書不是神學研究，雖然我希望想到，我們學習聆聽上帝時，可以真的成為神學家，我指的是修士龐特斯的艾華革士（Evagrius of Pontus）使用這個詞時的意思：可以以上帝的話語禱告，以及向別人講述這話的人。在每一章結束時都會有一些較概括的實際評註。但在開始前，我們必須先做一些淨空的工作，更具體地解釋靈閱是甚麼。

導論

甚麼是靈閱？

靈閱是一種閱讀方式。它的字面意思是「神聖閱讀」：可以指「以敬虔的方式」閱讀，而我們是讀者；或者可以指到我們所聆聽的讀物而說的一些話：聆聽「神聖的讀物」。也可以同時涉及兩種意思。靈閱不單關乎學習像禱告地閱讀，也包括以我們的思想和內心向上帝開放來這樣做，就好像祂向我們朗讀祂的話語一樣。我們閱讀時，總是隨時預備好在聆聽祂時向祂禱告。

這本書的名稱《與神同誦》（*Reading with God*）提醒我們，靈閱是一種閱讀聖經的方式，作為我們與上帝的關係的一部分。我喜歡想到一個三角形，將我、聖經和上帝連繫起來：我可以閱讀聖經培養對上帝更深的認識；我可以發覺上帝使用聖經幫助我更了解我自己；在我與上帝的談話中，我可以開始更清晰地明白祂怎樣利用聖經對我說話，吸引我到祂那裏。那目標總是加深我與祂的友誼和我對祂的委身。

靈閱是一種「積極」的閱讀，意思是：我們不單是被動的聆聽者，聆聽上帝在過去說和做了甚麼。那些話是向我們說的，並期望我們做一些事。它們是談話的一面，我們的禱告和生命是回應。靈閱是一種禱告方式，但在這種禱告中，我們讓上帝開始談話，而不是不斷以我們自己的議題和先入之見轟炸上帝。我們獻身於靈閱時，嘗試做的其中一件事是，在我們思想中給上帝時間和空間，讓祂為了我們而存在於我們的心思之中，讓我們在尊崇和自我奉獻中將自己獻給祂。這是在我們的信仰中成長的一個好方法，讓我們可以「有基督的心思」（腓二 5；編按：按英文聖經直譯），更明白怎樣好像祂那樣生活。

這樣，靈閱幫助我們培養對我們與上帝的關係的更深感覺，這是雙方的事情，察覺上帝怎樣在我們生命更深的層面與我們接觸，並察覺祂在世界和我們周圍的人之中的同在。

禱告的四重模式

靈閱的要求並不比我們聆聽聖經時學習聆聽上帝向我們說話更高或者更低。那是透過基督，並在聖靈在我們裏面啟發信、望和愛時向上帝禱告的工作。也值得明白的是，靈閱不是我們自己與上帝做的事，祂與我們之間的私人談話。教會接受聖經為上帝的話語，我們這樣聆聽聖經必須在教會的生命中進行。這並非表示我們不能夠獨自閱讀聖經，但我們總是在信仰和盼望，並委身於服事教會的團契中聆聽聖經。

在某些方面，教會的禮儀將關於怎樣開始的一些最好教訓教給了我們。例如：在聖餐中，在聖言的禮儀中，我們聆聽新舊約的閱讀；應該有靜默的時間，讓上帝的話語透過我們聽到的話語向我們的心説話；我們的回應由歌曲和詠歎模塑，這些歌曲和詠歎，本身源自詩篇和聖經的讚美詩這些由聖靈感動的經文。新舊約的經文選讀，是選來預備我們聆聽在福音書中的基督，福音書對實際羣體的意義由牧者在講道中反映出來或解釋説明。整個聖言的禮儀由信經（作為讚美的歌）以及信徒的禱告中肯定教會的信仰裏結束。這些忠誠的人在聖餐的禮儀中引入對上帝的崇拜，在這禮儀中我們在聖餐（感恩）中與基督聯合，並由祂在團契中餵養我們，從而將自己獻給上帝。

同樣地，在教會的日常禱告中，在日課（Liturgy of the Hours）中，聆聽上帝的話語形成禱告時間的中心時刻；那閱讀可以相當簡短，而它的簡潔的目的是要特別強調那禱告時間對羣體的特別意義，但重要的是那話語被接受的方式，它邀請的回應——發自內心的禱告。因此，日課的第一部分，通常也是較長的部分，在開始的聖詩聚集了羣體後，包括唱詩篇，目的是「軟化」羣體，在個人的層面聆聽上帝的話語；然後在另一段安靜默想的短時間後，羣體在回應和讚美詩中分享它的回應，然後是以正式的禱告結束崇拜的時間。

初期教會的修士和修女每天都花很多時間讀經和禱告，而且不單止是在每天頻密的公禱時間奉獻給上帝才這麼做。到了中世紀，當時人們十分重視將事物置於有秩序的模式和系統中，靈閱也被「整理」成整齊的計劃。其中最著名的是大約一一八〇年由大沙特勒斯山（Grande Chartreuse）隱修院院長吉戈二世（Guigo II）撰寫的《修士的階梯》（*Ladder of Monks*）。和所有模式一樣，它有過分規劃化和將人類活動化約為技巧和表演的危險。但一份計劃是好的教育工具，我們可以從中學習。

靈閱的傳統模式有四個階段：誦讀（*lectio*）—默想（*meditatio*）—祈禱（*oratio*）—默觀（*contemplatio*）。這個模式表示一個過程，個人藉以將聖經的話語由耳朵或眼睛帶到思想（*lectio*或閱讀），向自己重複那些話，一再思想它們（*meditatio*），在開始消化那些話時，以禱告回應（*oratio*），這樣開展祈禱的運動，是超越言語，去到說出這些話的上帝，一種更自由和即時的崇敬（*contemplatio*）。隨著時間過去，好像默想和默觀這些詞語發展出十分專門的意義，令它們變成頗為誤導的詞語。但我希望這四重模式和它從中發展出來的禮儀內容之間的相似會是清晰的。

接著四章反映了這個模式，但有點較為鬆散。它們會探討聆聽上帝的話語、接受它、以它來禱告和驚歎這些主題。在早期，閱讀不是安靜、心理的活動；人們傾向放聲誦讀，甚至在讀給自己聽的時候也這樣做。事實上，這樣進行*lectio*並不是壞事，正如這樣閱讀詩歌或任何比日常閱讀時需要更複雜的回應的東西，放聲誦讀並不是壞事一樣。我們可以速讀報紙，但如果用同一種方式閱讀莎士比亞的作品便愚不可及。放聲誦讀教導我們聆聽。這是重要的元素。

要聆聽，我們需要向別人開放自己，讓對方定下語調和議題。聆聽令我們與説話者產生關係，學習聆聽聖經，而不單是閱讀它，是學習明白上帝透過聖經的人類作者説話的最好方法。這對我們怎樣接受那些話帶來很大的分別。那表示學習接收不同層面的意義。由於上帝與我們同在，祂的話語是向我們説出，這表示我們可以回應我們聽到的話語，不單作為一篇作品，以我們的理解來回應；也作為在禱告中與上帝會面的地方。漸漸地，我們開始在我們接受為上帝的話語中明白個人的意義時，我們學懂將注意力更多轉向説話者，而不是祂説的話。這裏禱告擴展為崇敬上帝這更簡單的行動。

這幾章是這本書的核心，但我還會加上另外兩章， 給讀者更多空間思想靈閱怎樣配合我們的日常生活和委身。靈閱是生命的道，我們應邀與別人分享的生命。上帝的話語不單帶領我們禱告，也帶領我們藉著那話語生活。而且，靈閱是一種依照上帝的心意模塑我們整個生命的方式，也是令我們每天都在信仰上更成熟的方式，這種生命的完滿在上帝使一切事物都更新時，我們可以和整個受造物一同享受。這就是朝那地平線觀看；但首先，我們必須來到基本之處！

一些基本的前設

靈閱是基於一些十分簡單的假設，但它們也是十分深奧的。

最重要是相信聖經是上帝的話語。這絕對是基本的——不單聖經由上帝默示，我們懷著信心閱讀時，它也向我們表達上帝就救恩對個人所說的話。只有當我們懷著信心、盼望和愛聆聽聖經時，才能夠期望聽到上帝向我們說話。

·上帝的話語·

提摩太後書三章16至17節

[16]聖經都是上帝所默示的，於教訓、督責、使人歸正、教導人學義都是有益的，[17]叫屬上帝的人得以完全，預備行各

樣的善事。

聖經不單是人的話；它不是單見證一個屬靈傳統，關乎地上的智慧。它是上帝的信息，指向我們。另一方面，上帝的話語是以人的語言表達；聖經的書卷以多種不同方式，反映嘗試明白上帝和向人闡述祂話語的歷史。所以，將聖經理解為上帝的話語，必須總是尊重一個事實：它也是由一些人類的寫作傳遞的，必須考慮它屬於哪一種寫作，無論是歷史、詩歌、先知話語等。聖經表達的方式，它背後的文化和思想史，都提供很多機會給我們進行神學研究，但最終，靈閱是嘗試配合上帝的波段，以上帝向我們說話的方式聆聽那些經文。

由於在這個意義上，上帝是聖經的作者，我們可能在明白一段經文的特定意思時，以整本聖經作為補充。因為整本聖經都教導我們視世界為屬於上帝，由祂創造和審判。但最重要的，是基督徒閱讀聖經的方式會視耶穌基督和祂對世界的救贖為一切的意義的關鍵。

聖經的存在不單是要在傳道或談話時提供「支持經文」(proof texts)：它是為了要我們「成聖」的文獻，幫助我們在基督徒的聖潔中變得成熟，幫助我們成為屬上帝的男女。

·耶穌是聖經和所有存在的意義的關鍵·

聖經不單是默示，上帝在其中說話。而且，祂透過祂兒子說話。在這裏，希伯來書將上帝在聖經所說的話語與祂用來創造萬物的話語之間找出相似之處。

希伯來書一章1至2節

[1]上帝既在古時藉著眾先知多次多方地曉諭列祖，[2]就在這末世藉著他兒子曉諭我們；又早已立他為承受萬有的，也曾藉著他創造諸世界。

從一開始，基督徒就視猶太聖經是指向耶穌基督的，祂實現了律法和先知書。而新約的不同作品肯定圍繞祂的生命，最重要的，是祂藉著死亡和復活對世界的救贖，以及祂的生命在使徒行傳和書信中建立基督徒羣體時的影響。因此，耶穌的福音是我們閱讀聖經時解釋的基本規則。我們閱讀聖經，藉以認識祂，並更忠誠地根據祂的話語而生活。

這段來自希伯來書的經文走得更遠。世界本身是由祂創造：上帝藉以創造一切的聖言，是在聖經中向我們說話的聖言。所以，耶穌幫助我們更清楚明白我們周圍的世界，是上帝不斷與我們接觸的世界。我們閱讀聖經，藉以明白生命的意義。

·在聖靈中能力的言語·

由於聖靈的能力，這上帝的話語是有生命的。新約最早的著作生動地描述上帝的話語在基督徒羣體中的生命。以下兩段經文需要一起閱讀。

帖撒羅尼迦前書一章4至6節

4被上帝所愛的弟兄啊，我知道你們是蒙揀選的；5因為
我們的福音傳到你們那裏，不獨在乎言語，也在乎權
能和聖靈，並充足的信心。正如你們知道，我們在你們
那裏，為你們的緣故是怎樣為人。6並且你們在大難之
中，蒙了聖靈所賜的喜樂，領受真道就效法我們，也
效法了主。

帖撒羅尼迦前書二章13節

13為此，我們也不住地感謝上帝，因你們聽見我們所傳上帝的道就領受了；不以為是人的道，乃以為是上帝的道。這道實在是上帝的，並且運行在你們信主的人心中。

保羅的講道是在人的層面，但那講道的影響卻在更深的層面。在信心的層面，上帝打開了他們心裏的耳朵接受祂的話語。保羅只是一個人類工具，透過聖靈的能力，令帖撒羅尼迦人與上帝有新的關係。在屬靈的層面，他們不單效法保羅，得益於保羅的講道，他們也效法他們相信的耶穌基督。他們接受了的上帝的話語，是永活的話語，繼續在他們心裏工作。

我們懷著信心閱讀聖經時，它對我們也是這樣。上帝的靈打開我們的心，在比人類的話更深刻的層面聆聽。聖靈默示聖經，並以意義充滿聖經，讓所有聆聽聖經的人接受。同一位聖靈也住在我們心裏，幫助我們配合聖經的屬靈意義。這樣聆聽聖經是聆聽我們的天父以愛對我們說話。

聖經帶領我們進入與上帝活生生的關係。這是整個靈閱建基於其上的簡單信念。因為上帝不是非位格的宇宙力量。祂是活躍、全能和有創意的。這創造的力量有一個目的，最終與我們每一個建立重要、持久的個人關係。我們知道那個問題：誰造我們？上帝造我們。為甚麼祂造我們？祂造我們來認識祂、愛祂、服事祂、永遠快樂地與祂一起。祂在聖經的話語是祂對我們信實的承諾。

·親自向耶穌每個門徒說的話·

前兩段經文實際上指整個基督徒羣體接受福音。它們提醒我們，靈閱是我們在教會的信仰裏閱讀聖經。另一方面，上帝也個別地向所有相信的人說話。這是我們每個人都要留心的。如果我們這樣做，耶穌告訴我們，我們會與祂進入新的關係，我們會與祂一起與祂的父分享這關係。

約翰福音十四章23至26節

[23]耶穌回答說：「人若愛我，就必遵守我的道；我父也必愛
他，並且我們要到他那裏去，與他同住。[24]不愛我的人就
不遵守我的道。你們所聽見的道不是我的，乃是差我來之
父的道。[25]我還與你們同住的時候，已將這些話對你們說
了。[26]但保惠師，就是父因我的名所要差來的聖靈，他要
將一切的事指教你們，並且要叫你們想起我對你們所說
的一切話。」

耶穌邀請我們聆聽聖經，作為祂給我們的話語。如果我們服從地配合聖經，便會聽到它是耶穌的話語，那也是上帝身為天父對我們說的話。這種聆聽是由聖靈使之變得可能的。聖靈繼續與我們一起，是上帝所賜的能力，讓

我們學習在這些給我們的話中，上帝要向我們傳達甚麼意思；祂在我們心裏，幫助我們明白和「記得」，將我們在一個時間的閱讀連繫到我們在其他時間的閱讀，以及教會作為整體的閱讀；將我們的生命與聖經連繫，幫助我們將我們的生命與所有信徒連繫。

耶穌在這裏談到祂來到我們這裏和繼續與我們一起；上帝與我們建立祂的家。我們是祂的東道主。但祂的話語是給我們的家，在那裏祂令我們受到歡迎，在那裏我們可以找到居所。福音書的其他地方說：「你們若常常遵守我的道」（約八 31）；這個希臘語的動詞可以表示「逗留」或「居住」，這是耶路撒冷譯本所用的意思：「如果你們以我的話語為你們的家」。我們會在最後一章回到這段經文。在這裏我們只需要指出聖經提供給我們的親密：上帝和我們一起居住，我們也和祂一起居住。

·話語中的團契·

聖經令我們與上帝有活生生的關係。那不單是一對一的關係，更實際上是一個團契，由所有圍繞耶穌聚集，聆聽祂的話語的人組成。耶穌說那些聆聽上帝的話語，並加以實踐的人是祂的家人。

馬可福音三章31至35節

[31]當下，耶穌的母親和弟兄來，站在外邊，打發人去叫他。
[32]有許多人在耶穌周圍坐著，他們就告訴他說：「看哪，你
母親和你弟兄在外邊找你。」[33]耶穌回答說：「誰是我的母
親？誰是我的弟兄？」[34]就四面觀看那周圍坐著的人，說：
「看哪，我的母親，我的弟兄。[35]凡遵行上帝旨意的人就是
我的弟兄姊妹和母親了。」

這裏的情況很值得注意。耶穌的母親和家人確信耶穌瘋了，他們去到祂教訓人們的房子那裏，要控制祂。耶穌似乎用這句關於祂視誰為自己家人的話來打發他們走。在路加的記載中沒有提到祂的家人到訪的原因，耶穌打發他們的話是頗為不同的：「聽了上帝之道而遵行的人就是我的母親，我的弟兄了。」（路八 21）路加見證聖經在耶穌的家庭——教會——的生命的中心地位：那是優越的位置，我們在那裏可以學習上帝的旨意。但路加是很具體的。那不單是聆聽閱讀聖經或者自己閱讀聖經的問題；我們需要聆聽上帝的話語向我們說出，並付諸實踐。我們藉此成為上帝家庭的成員。靈閱嘗試提供最好的環境讓我們這樣做。

這個團契與所有相信基督的人分享；這個團契跨越時間和地點，也是我們與聖父和聖子分享的團契。

約翰一書一章1至4節

[1]論到從起初原有的生命之道，就是我們所聽見、所看見、
親眼看過、親手摸過的。[2]（這生命已經顯現出來，我們也
看見過，現在又作見證，將原與父同在、且顯現與我們那
永遠的生命傳給你們。）[3]我們將所看見、所聽見的傳給你
們，使你們與我們相交。我們乃是與父並他兒子耶穌基督
相交的。[4]我們將這些話寫給你們，使你們的喜樂充足。

聖經的見證，加上它見證的聖禮歡慶，是我們在此生中最接近耶穌的時候。但這段經文說那是與祂的真實接觸，是透過我們與那些將信仰傳遞給我們的人團契而得到保證的。因此，基督徒羣體在時間中與所有認識主的人聯合起來。這個團契在教會的禮儀中表達出來，但卻是建基於我們在信心中接受上帝的話語。

約翰二書9節

[9]凡越過基督的教訓不常守著的，就沒有上帝；常守這教訓

的，就有父又有子。

這封很短的書信將基督的命令總結為一個誡命：我們「跟隨愛」（6 節；按原書直譯）。這是基督的教義。它是在基督徒團契中的條件。書信的語言可能是含糊的，但它跟聖經裏任何地方一樣，簡潔地說明建基於愛的團契是與上帝團契。

·三位一體的動力·

因此，靈閱使我們與教會和耶穌基督交往。在祂裏面，我們捲入三位一體本身的動力中。這個洞見最意味深長的例子，是保羅給以弗所教會的信開頭的聖詩（弗一 3~23），那裏以上帝永恆的計劃在基督裏為我們實現，這一宏大的視角來描述我們的生命。

以弗所書一章13至18節

13你們既聽見真理的道，就是那叫你們得救的福音，也
信了基督，既然信他，就受了所應許的聖靈為印記。14這

聖靈是我們得基業的憑據，直等到上帝之民被贖，使他的榮耀得著稱讚。[15]因此，我既聽見你們信從主耶穌，親愛眾聖徒，[16]就為你們不住地感謝上帝。禱告的時候，常提到你們，[17]求我們主耶穌基督的上帝，榮耀的父，將那賜人智慧和啟示的靈賞給你們，使你們真知道他，[18]並且照明你們心中的眼睛，使你們知道他的恩召有何等指望。

這裏不適宜解釋整首詩歌。它開始時將視野定在「在世界的根基之前」(按原書直譯)，並期待時間的完滿。耶穌是焦點，我們的救贖和得榮耀是與祂一起，並在祂裏面；一切都要根據與祂的關係來理解，更真實地，「在祂裏面」(按原書直譯)是純粹和簡單的——彷彿在說除非我們「在祂裏面」(按原書直譯)，否則我們便不能明白。保羅繼續代表自己指出，在帶領以弗所人信仰基督時，這信仰透過他們聽到別人傳講，我們也接受為聖經的真理之言傳給他們(和我們)。

但保羅在這裏指出，那不單關乎聆聽真理的話語；我們需要聖靈引導我們，啟發我們的思想，並以盼望鼓勵我們。這是與上帝活生生的關係，幫助我們加深我們的閱讀和理解，並在與祂合一中成長。

怎樣開始

這本書的主要內容是有關聖經關於聆聽上帝的教訓。但由於這本書嘗試實用，這一節用來談論怎樣進行靈閱。最簡單的表達方法是緩慢和懷著禱告的心閱讀一段聖經；讓它成為你的一部分，不單沉入你的思想，更重要的，是要將它帶到你心中；讓它在那裏迴響，聆聽任何共鳴；嘗試聆聽（而不是思考）經文似乎怎樣應用到你身上，讓它成為與上帝禱告般談話的出發點，並在它似乎邀請你那樣個人的層面進行。

稍為詳細一點來說，以下是一些開始的實際建議，這些建議都是源自經驗的。我們在每一章的結束會就這方面有進一步説明。

首先，我們需要清除一些障礙。找一個好的時間和地方，讓你可以懷著禱告的心閱讀，但要以頗為放鬆的方式進行。早上往往是實行閱讀的最佳時候，那時思想仍未被一天的即時要求充塞著。但如果黃昏時並不太疲倦，很多人都感到那是更放鬆的時間。無論怎樣，我們閱讀的方式會反映那時間——前瞻還是回想過去的一天。我們不需要很長的閱讀時間，但正如與沒有見面一段時間的朋友談話一樣，如果我們可以預期不受騷擾或被其他事物佔據我們的心思，那顯然會更好。

第二，我們需要在禱告的環境中開始閱讀。將自己置於上帝的同在中。放開你思想中那些即時的事情，將你的心轉向居住在裏面的上帝。思想那位以自己的言語創造你和萬物的天父；思想那位不單呼召我們成為祂門徒，也呼召我們成為祂兄弟姊妹，是道路、真理、生命的聖子；思想那位參透一切，甚至參透上帝的深刻，以上帝的話語默示聖經，醫治和引導我們的聖靈。祈求聖靈會幫助你聆聽上帝向我們內心所說的話，並從中有所學習；也祈求你可以藉著信心，並懷著感恩以那話為糧。

第三，我們可以開始我們的閱讀。我很難建議以哪一段經文開始，因為這是因人而異的。整體來說，關於從一卷福音書開始，可以有很多話說，這樣我們可以真正認識耶穌。馬可或路加可能比馬太或約翰容易，因為後者以顯然更具神學意味的參照系統介紹福音。另一方面，在福音書和使徒行傳之後的書信，就對基督更深入的了解和基督徒生命的動力，提供它們本身的介紹，這可能適合那些已經在某程度上熟悉福音書的人。以創世記一章開始實踐靈閱，奮勇地一直讀到啟示錄結束的人是十分有能耐的！理解耶穌和新約的其中一個好處，是對以基督徒的方式對待舊約有很大的幫助。

還有很多不同方式進入聖經。重要的是將一卷書當為整體，或者幾乎等如整體來閱讀。避免過分選擇性，永遠都不要「淺嘗」。我們可以找到好些讀經計劃，這些計劃可以提供安排好的課程供我們閱讀聖經。這些可以是開始的良好基礎，只要我們記得靈閱和研經不同。我們仍然需要學習聆聽上帝可能向我們說甚麼，並在禱告中給予我們自己的回應。那些固定參加教會聚會的人，可能喜歡依從教會在主日或一星期中的讀經週期。困難是這些週期需要縮短和改變，來遷就教會年（liturgical year；即church year：亦作禮儀年）。它們的一大好處是容許我們聆聽整卷福音書，雖然需要非常高度選擇其他經文，而且這樣並非總是十分有幫助。但它們的好處是連貫和容許教會每年對基督奧祕的歡慶模塑個人自己的禱告生活。我需要說，這是我對福音書喜歡採用的取向；對開始的人，我也會建議這個取向。關於其他書卷，我會依當時經課（Lectionary；或作讀經表）所編選的經卷，選取其中一卷書，慢慢地在自己的聖經更完整地閱讀這卷書。惟一要做的，是找一個對你有效的方法，並依從它藉以明白聖經和怎樣運用它。

第四，怎樣閱讀。這是我們需要努力學習的。一般來說，應該緩慢和懷著禱告的心閱讀一段簡短的經文。彌撒書或經課列出閱讀的經文供教會使用，已經為你將經文分段。但如果你使用聖經，便一點一點閱讀一卷書——一些現代譯本段落的區分（和副題）是有用的。你很可能不應該讀超過五分鐘。如果段落比較長，嘗試讀完整段，藉以得到整體印象，然後從頭開始；並準備更慢地閱讀，一次看一個句子，甚至逐個詞看，仔細思想，不怕讓閱讀推動思想稍為游離一點。

要更清楚感受，閱讀作為聆聽，好的做法往往是高聲閱讀，以耳朵而不是思想聆聽那些話。古代的人正是這樣做，我們在教會聆聽上帝的話語時也是這樣做。有些人需要學習這樣在頭腦聆聽那些話。我們應該學習聆聽，以便可以「閱讀、標示、學習和在裏面消化」聖經，正如克蘭麥（Cranmer）為降臨節第二個主日祈禱時所說的。速讀絕對是靈閱的敵人。

第五，我們需要讓閱讀轉成默想和禱告。細心聆聽段落、句子或詞語似乎怎樣向你說話和呼應你的經驗。留意這些事情，並考慮甚麼令它們那麼突出。這就是聆聽上帝可能在你的禱告中引領你思想的事，是關於祂或你或你的生命的。有些東西可能立即引起你注意，這樣你只需要溫柔地接受，在禱告中更安靜地聆聽。有時呼應或迴響沒有那麼明顯，但要嘗試聆聽那迴響，並懷著禱告思想上帝可能怎樣提出一些事情。那意念是讓閱讀引導個人的思想和對事物的態度，藉著我們怎樣將我們閱讀的內容和其他一切建立連繫，閱讀能夠這樣做。有時候，與上帝的談話可以從這裏開始。但總要將思想轉向上帝，與祂分享。

一段經文可能沒有給你留下多少，甚至完全沒有給你留下任何印象，但這不要緊。與主分享那段經文；祂可能邀請你考慮一些和經文有關的事情；祂可能想你繼續閱讀。最重要是不要匆忙。讓上帝花祂需要的時間說話。只需要保持內心安靜來聆聽。

如果我們懷著禱告的心閱讀，聆聽上帝，我們可能發覺自己開始禱告而不是閱讀。有時可能難以區分我們那懷著禱告的心閱讀和我們對自己（或者更正確的是上帝）的閱讀那禱告式回應。這並不要緊。如果我們的禱告似乎沒有形成言語或清晰的觀念，也不要緊：聖靈察驗內心，我們本不知道該怎樣禱告……只要記得上帝和我們親近，在親密的朋友之間，很多事情是不言而喻的。

最後，怎樣結束。在這段時間結束時，我們可以以感恩禱告，為在閱讀時想到的別人或自己的需要作出更具體的禱告。我們特別可以在那天餘下的日子活在上帝話語的光中。一個值得發展的好習慣，就是選取我們閱讀時對我們很重要的一個「詞」、一個短詞組或句子，可以是選自我們閱讀的內容，或者由我們的閱讀引發的另一個「詞」，是我們可以在那天用作同伴的。記下那個詞，在那天期間回到它那裏。讓那成為生命的詞，旅程中的食糧。它可以成為那天較後時祈禱的焦點。

第一章：聆聽聖言

靈閱的第一件事是聆聽上帝的話語。上帝以各種方式向我們說話——在我們生命的環境和透過與我們一起生活的人。但我們真正學習聆聽上帝的地方，是我們在聖經裏聆聽祂的話語的時候。學習怎樣在其他處境中配合祂，這是最好的學校。

靈閱的第一部分，傳統稱之為「誦讀」。一般來說，在我們自己用來閱讀聖經的時間和空間，是讓我們懷著禱告的心聆聽和回應上帝的話語的最佳良機。但這有點誤導。閱讀有各種方式，我們已經稍稍談過「神聖」或「敬虔」閱讀的特點。在這章結束時的實踐部分，我們會多說一點關於閱讀的話。在我們的閱讀裏，主要事情是學習聆聽。我認為——從一個奇怪的意義來說——聆聽比明白更重要。有很多次，門徒就是不明白，但這沒有令他們停止聆聽耶穌，也沒有令耶穌停止教導他們。但是，重要的是聆聽聖經作為與耶穌談話的一部分，這是十分明顯的。

聆聽聖經並不如表面看來那麼容易。我們可以知道怎樣閱讀好像聖經的文本，對它的文學素質、歷史內容和神學意義也可能有很好的理解，但聆聽聖經卻是不同的事情。特別是當我們需要學習的，是留心上帝向我們說話。我認為最好的做法，是嘗試聆聽耶穌誦讀聖經給你聽。如果我們相信耶穌是上帝的聖言，如果我們想配合在聖經中說話的上帝，我們便需要配合耶穌，祂就是那聖言。聆聽上帝就是認出耶穌的聲音，這聲音在我們的心與聖經迴響。因此，開始閱讀一段經文的最佳實踐方法，是將自己放在上帝的同在中，有耶穌向你誦讀經文。你可以在這一章結束時，找到更多關於這方面的資料。

事實上，從歷史來說，聖經是設計來供人聆聽的。雖然猶太人和基督徒都因為神聖的聖經在他們羣體生活中的地位而重視識字，閱讀聖經的自然場合，仍然是禮儀性聚集、在會堂和教堂裏。在從對在巴比倫被擄歸回後閱讀律法書的描述（尼八 1~18），我們有一個實踐方法的早期例子；讀出聖經，然後翻譯，讓人們可以明白那些話，直到他們理解；人們很留心，並以心來回應、哭泣和獻上敬拜。在聖餐的話語禮儀的公開歡慶中宣告上帝的話語時，是基督徒最自然地聆聽這話的時候；而修士們最自然地聆聽這話語的時候，則是在羣體的日課——特別是守夜祈禱或晚課——閱讀聖經時默想地聆聽它。

這個誦讀(或歌唱)聖經的禮儀背景，在我們自己實踐靈閱時，仍然有很多東西教導我們。正如它是信徒公禱的主要元素，它也可以成為我們個人禱告的主要元素。首先，閱讀不是始於我們對自己拿在手裏的一段經文做一些事情；閱讀往往有我們自己的特定目的，無論是飛快地翻閱時間表、閱讀商業報告，還是在假期以「優質的閱讀」讓自己放鬆。我們專注於聆聽而不是閱讀時，活動的要點不是我們自己的需要和目標，而應該是我們聽到甚麼：是別人的議程，也是別人的步伐。這是我們學習的第二個教訓。聆聽時，我們需要按它出現的方式來接受它；別人負責那些話。第三，但不是最不重要的，是在教會禮儀中聆聽聖經時，我們學習以幫助我們配合上帝的話語的方式來接近聖經，而不是人的語言媒介、印刷等等。

我們以靈閱來自行閱讀聖經時，需要坐在後座。可是，自己坐到靠背長椅上，不應該表示我們需要令自己不舒適！我們只是應該讓自己服事聖經，而不是要聖經服事我們。

我們在導論中已經談過怎樣具體開始靈閱的閱讀。我們只需要記得，在我們閱讀的過程中，上帝向我們講述祂的話；我們的任務只是配合它，以正確的方式接受它。所以，在這裏要多談一點關於聆聽的種種。這並不是每個人都很容易做到的，但和所有自然能力一樣，藉著運用，我們會做得更好，靈閱也幫助我們成為更好的聆聽者。在事情的普通方式中，聆聽需要時間；它表示給別人時間。而且，我們首先需要花時間使自己安靜下來。理想的情況是，這表示清理我們的思想，或者讓我們的思想清晰，除去任何使我們精神和情感空間凌亂的東西；這樣可以給我們空間接受上帝想說的話。如果我們可以更清晰知道自己思想中不同種類的噪音，便會更容易避免它干擾別人甚至上帝想向我們說的話。

自覺（相對於自我專注）實在是察覺別人，明白他們嘗試說的不單是他們說出的話所包含的意義那麼簡單的關鍵。我們需要學習撿拾其他信息。如果我們想聆聽上帝的話語，也是一樣。需要有耐性，以致我們可以開始讓上帝透過聖經向我們介紹祂自己。由於我們需要習慣上帝使用人類語言和文學形式向我們說話的方式，這就尤其需要耐性了。那些方式不是我們即時可以接近或熟悉的。在這一章結束時有一節討論這個問題。

在以下的經文，我們會首先看一些人聆聽耶穌的情況；他們聆聽耶穌時的情況，可能會就我們期望自己怎樣給我們一些有趣的提示。

聆聽耶穌

有一個關於耶穌開始公開事奉的故事，是祂實際上向人們誦讀聖經。所有符類福音都表示，耶穌開始祂的工作時，是在會堂教導人和醫治病人。靈閱不需要在教堂進行，而且通常是獨自進行的；但這段經文就我們應該怎樣學習聆聽提供很好的介紹。

路加福音四章 16 至 22 節

[16]耶穌來到拿撒勒，就是他長大的地方。在安息日，照他平
常的規矩進了會堂，站起來要念聖經。[17]有人把先知以賽
亞的書交給他，他就打開，找到一處寫著說：[18]「主的靈在
我身上，因為他用膏膏我，叫我傳福音給貧窮的人；差遣
我報告：被擄的得釋放，瞎眼的得看見，叫那受壓制的得
自由，[19]報告上帝悅納人的禧年。」[20]於是把書捲起來，交
還執事，就坐下。會堂裏的人都定睛看他。[21]耶穌對他們
說：「今天這經應驗在你們耳中了。」[22]眾人都稱讚他，並
希奇他口中所出的恩言。

在學習聆聽聖經，以它作為上帝的話語的第一個步驟，或許是想像我們自己在拿撒勒的會堂，聆聽耶穌向我們誦讀聖經。第二件事，是我們嘗試聆聽耶穌可能嘗試藉著那些話向我們說甚麼。第一個步驟讓我們避免將閱讀單單當為閱讀；我們已經讓聖經成為溝通的媒介。如果我們讓耶穌向我們說出那些話，那很可能是在我們聽到的話語中找到個人共鳴的最簡單方法。

故事最後一部分提供一些進一步的提示。我們必須讓耶穌慢慢來，坐下並開始教導。或許更好是將焦點集中在祂身上，而不是那誦讀：我們讓祂揭示那意義。我們不是在過去，而是在現在發現和靈閱相關的意義。耶穌在拿撒勒閱讀的經文（賽六十一章），是猶太聖經中眾多直接期待耶穌自己的其中一段經文，我們看到它在耶穌裏實現時，以特別的方式明白它。但我們也可以聽到「今天在你們耳中」是指我們；耶穌現在於我們心裏動工，為我們探討聖經，讓我們可以聽到那好消息，找到自由和新的異象。這些都是我們在聆聽聖經時，無論如何應該嘗試配合的主題。

最後，就著在移至靈閱的下一個活動（默想）中怎樣開始找到焦點，最後一句話給予我們一個有用的提示。我們頗為緩慢並懷著禱告的心閱讀時，讓耶穌向我們誦讀經文，預備好在其間停下來思想，但不是要讓我們陷於細節中，而是我們會發覺那些詞語、短句和意念，以它們的親切來吸引我們的注意力。這正是我們要留意的。聖經有很多東西是很難讀的，特別是在開始時；但它們自有它們的美，有時開始時顯得古怪，但它們有一份感動我們的心的美，這一點正是我們通常可以開始配合其神聖意義的地方。我們閱讀的主題本身可能並不美：例如耶穌被釘十字架是可怕的。但它卻被美麗地講述出來。人類作者的信心，和上帝的能力——運用人類語言來吸引我們信靠祂的能力——正在於此。

以權威教導

福音書的其他經文將注意力集中在耶穌怎樣談話。這是馬可福音中與上面的經文平行的經文。

馬可福音一章21至28節

[21]到了迦百農，耶穌就在安息日進了會堂教訓人。[22]眾人
很希奇他的教訓；因為他教訓他們，正像有權柄的人，不
像文士。[23]在會堂裏，有一個人被污鬼附著。他喊叫說：
[24]「拿撒勒人耶穌，我們與你有甚麼相干？你來滅我們
嗎？我知道你是誰，乃是上帝的聖者。」[25]耶穌責備他說：
「不要作聲！從這人身上出來吧。」[26]污鬼叫那人抽了一陣
瘋，大聲喊叫，就出來了。[27]眾人都驚訝，以致彼此對問說：
「這是甚麼事？是個新道理啊！他用權柄吩咐污鬼，連污
鬼也聽從了他。」[28]耶穌的名聲就傳遍了加利利的四方。

這段經文見證耶穌的教導的特別風格，這是和路加的記述相似的。不過，在這經文裏，耶穌的能力是由邪靈

承認，人們見證耶穌對牠們有權柄。但耶穌顯示出來那勝過邪靈的能力，也可以運用在我們心裏。耶穌從沒有違反我們意願地介入；但如果我們要求祂，祂可以將我們的硬心、我們的耳聾或冰冷——任何阻礙祂的東西——變成充滿愛地專注的態度，豐富地接受祂的話語，這種態度可以因為祂說的話的美而驚歎。

用福音書其他地方的一個比喻來說，我們需要讓上帝的話語成為酵，使我們生命的麵團發成新鮮麵包。但這段經文警告我們不要太快得出結論，以為這是很容易的。上帝的話語會被對抗它的東西抵擋。因此，經文就學習怎樣聆聽上帝的話語提供另一個提示；我們不單在我們聆聽的話語中留意美和親切的東西，也要預備找到有挑戰性的東西，祈求有可以邀請我們進行探討的自我知識。這是進入默想的另一個方法。

頒佈律法的耶穌

在福音書其他地方，可以找到耶穌以獨特的語調說話。在馬太福音中，在登山寶訓結束時曾下這樣的評論。福音書讓我們看到耶穌不單在會堂教訓人，也在山上、在平原、在湖邊、在路上，以及在人們家裏教訓人。祂似乎顯然不認為會堂是最容易接觸人們的地方。這當中有給我們的教訓。只要我們能夠聽到耶穌的聲音正嘗試吸引我們注意，祂往往在我們生命中很平常的環境，最直接地向我們説話。我們在靈閱裏可以嘗試做的一件事，就是嘗試捕捉上帝説話時的語氣；或許，更好的是嘗試在我們心裏找到我們可以配合祂的波長。但一般來説，我認為我們藉著將我們怎樣聆聽祂的話語，連繫到我們生命的普通處境和關係，可以更容易地學習這樣做。我們必不可以為耶穌只在教堂或我們穿著最好的服裝上教堂時才向我們説話！

毫無疑問，正如註釋書會指出，馬太讓耶穌開始祂在山上的偉大教訓（五~七章）時，將耶穌介紹為新摩西，向上帝的百姓頒佈新的律法。

馬太福音五章1至2節，七章28至29節

1 耶穌看見這許多的人，就上了山，既已坐下，門徒到他跟
前來，2他就開口教訓他們……
28耶穌講完了這些話，眾人都希奇他的教訓；29因為他教
訓他們，正像有權柄的人，不像他們的文士。

熟悉好像這樣的經文的舊約背景的人，能夠找出並思想耶穌怎樣實現上帝對以色列的應許，就好像祂自己在迦

百農的會堂嘗試做的那樣。更個人地閱讀的話，可能只是思想耶穌上山這個事實，因為祂看見我們，祂想我們看到和聽到祂。祂花工夫和那些想聆聽祂的人一起坐下。但我們去祂那裏是這樣做嗎？我們怎樣來到祂面前？我們是否準備好聆聽？

人們相信摩西是憐憫的典範；在登山寶訓中，耶穌同樣是充滿憐憫的教師。但現在，我們應該留意耶穌怎樣說話，多於祂說甚麼。那些聆聽的人留意到耶穌的聲音有一種不同的權威。他們可以聽到上帝在說話。我們值得閱讀整篇登山寶訓，思想甚麼令這說話方式與別不同。那肯定是富挑戰性的，但也是富鼓勵性的。這令我們感到上帝與我們親近，祂是可以接近和親切的。我們可以找出路加福音四章提到，以賽亞那些靈的記號。

就像馬可在前一段經文（可一 22）所做的，馬太將耶穌和文士作對比。這提醒我們有學識地研究聖經，和讓經文的能力，一種聖神的能力，轉化我們的生命之間的分別。

教導鼓勵的話

這裏有兩段相似的經文。

馬太福音九章35至36節

[35]耶穌走遍各城各鄉，在會堂裏教訓人，宣講天國的福音，
又醫治各樣的病症。[36]他看見許多的人，就憐憫他們；因為
他們困苦流離，如同羊沒有牧人一般。

馬太福音十一章28至30節

[28]「凡勞苦擔重擔的人可以到我這裏來，我就使你們得安
息。[29]我心裏柔和謙卑，你們當負我的軛，學我的樣式；這
樣，你們心裏就必得享安息。[30]因為我的軛是容易的，我
的擔子是輕省的。」

我們怎樣聆聽這些經文？靈閱並不需要費力。我們學習聆聽耶穌時，會發覺祂的憐憫支持著我們；我們應邀找到醫治和力量，以及引導和方向感。要這樣做，耶穌給我們祂自己的生命和教導（祂的「軛」）作為教訓；我們應該學習閱讀整本聖經，作為指向祂，並在祂裏面找到滿足。

尋找一個獨處的地方

耶穌可以在任何地方，以十分不同的方式與人們見面和交

談，視乎環境而定。相較於聆聽在教會向我們講道的人，我們需要預備更多的聆聽方式來聆聽耶穌——預備好和祂談話，甚至反駁祂。但我們需要有空間和時間與耶穌一起。在福音書中，我們看到耶穌甚至嘗試遠離人羣，給門徒休息的時間，雖然祂同情人們來找祂，又再開始教導他們。

馬可福音六章30至34節

30使徒聚集到耶穌那裏，將一切所作的事、所傳的道全告
訴他。31他就說：「你們來，同我暗暗地到曠野地方去歇一
歇。」這是因為來往的人多，他們連吃飯也沒有工夫。32他
們就坐船，暗暗地往曠野地方去。33眾人看見他們去，有
許多認識他們的，就從各城步行，一同跑到那裏，比他們
先趕到了。34耶穌出來，見有許多的人，就憐憫他們，因為
他們如同羊沒有牧人一般，於是開口教訓他們許多道理。

重要的是，我們花「暫停的時間」與耶穌一起。這段經文是有用的，估計我們在多大程度上過分投入我們的工作和約會：我們閱讀這段經文時，感到多不安或妒忌？我們是否以嘲諷的「只要！」將它打發掉？不過，我們應該留意，耶穌並沒有容許我們好像祂那樣——為別人使用我們需要讓自己暫停的時間。

我們也應該留意，是耶穌而不是門徒去見那些不讓他們單獨一起的人。有時候，我們就是需要將別人提出的要求交給祂，不假設只有我們才可以負責。

甚至耶穌也花時間在向天父禱告中找到屬靈的更新。

馬可福音一章35至38節

[35]次日早晨，天未亮的時候，耶穌起來，到曠野地方去，
在那裏禱告。[36]西門和同伴追了他去，[37]遇見了就對他說：
「眾人都找你。」[38]耶穌對他們說：「我們可以往別處去，
到鄰近的鄉村，我也好在那裏傳道，因為我是為這事出
來的。」

山上不單是耶穌公開服事的地方，也是沒有人煙，讓耶穌禱告的地方。祂在曠野中受過試探（太四 1），但祂勝過撒但的力量，令曠野成為禱告的地方。同樣，在尋找這些曠野地方時，我們可以開始不同地聆聽，辨別在聖經的話語中說話的那神聖權威。我們並非總要出去尋找曠野；它們會來找我們。曠野可以是任何我們感到孤獨的地方，在那裏地面是粗糙的。但它們是耶穌去過的地方。祂令它們成為潛在的神聖地方。

我們確實需要這樣的地方。我們需要將我們的注意力重新調校成全新的波長；我們需要在有各種干擾的地方聆聽祂在我們的心裏所說的話。一旦我們調校準確，便可以在任何地方接收上帝話語中的信息，但開始時，我們需要學習安靜，並學習聆聽安靜。在這裏，耶穌是我們的老師。

耶穌好像我們那樣，祂也需要禱告和聆聽祂的天父，這可以給我們很大的安慰。祂也需要找時間和地方這樣做，而且無疑需要抽時間這樣做。和祂一樣，我們需要學習聆聽上帝，藉以以祂的愛接觸別人，與從各處來找祂的人見面，而不單是去尋找他們。

尋找祝福

路加將耶穌第一篇道放在平原上。在平原上，耶穌往往在日常生活中與人們交往，而他們有自己的關注。相較於馬太福音，路加福音的上下文，更強烈地暗示耶穌怎樣準備好在日常生活的壓力中與我們一起，教導我們怎樣在一切壓力中，上帝與我們十分親近。路加就關於人們嘗試觸摸耶穌從而得到醫治所提供的細節，將那堂道置於更擠迫的環境中，無論在身體和情感上都很擠迫；它也令祝福這個觀念更直接和對人更有影響。

路加福音六章17至20節

[17]耶穌和他們下了山，站在一塊平地上；同站的有許多門
徒，又有許多百姓，從猶太全地和耶路撒冷，並泰爾、西頓
的海邊來，都要聽他講道，又指望醫治他們的病；[18]還有
被污鬼纏磨的，也得了醫治。[19]眾人都想要摸他；因為有
能力從他身上發出來，醫好了他們。[20]耶穌舉目看著門徒，
說：「你們貧窮的人有福了！因為上帝的國是你們的。」

我們有沒有察覺到，我們的需要是耶穌所關心的，是我們可以帶到耶穌面前的？我們轉向靈閱時，我們需要能夠聆聽上帝，這表示預備好將我們的先入之見放在一旁；但我們不應該害怕誠實地表達自己的需要和焦慮，或者在聆聽聖經時與上帝分享。

在深處，我們往往需要重新處理我們想像「上帝是怎樣的」這個問題。我們想到祂是祝福還是審判的上帝？這兩個不是互相排斥的觀念，但我們太容易讓我們對上帝的觀念增強我們對自己（或別人）的壞觀念。有人曾經將上帝的祝福這個觀念比作祂向我們微笑。詩人在詩篇六十七

篇使用這個比喻，祂讓祂的臉光照我們。我們可以讓上帝看我們，讓祂的臉光照我們嗎？我們預備好學習祂的祝福是甚麼意思嗎？天堂可以在查令十字街（Charing Cross Road）上找到。

我們的心在我們裏面火熱

關於往以馬忤斯路上的門徒的故事，是一段重要的經文，需要加以研究，藉以明白靈閱怎樣發揮功用。它和我們已經思考過的故事截然不同，因為它發生於復活之後；復活的基督向兩個門徒顯現，他們卻認不出祂。在故事中，門徒嘗試明白耶穌的死及其後果有甚麼意義。耶穌運用聖經幫助他們明白。祂自己需要解釋事情，祂藉著顯示聖經怎樣教導他們明白祂的死和復活的奧祕而達致了解釋。耶穌透過祂整個生命，但特別透過祂受苦的奧祕，祂從死亡，超越死亡進到生命，讓我們看到祂是誰。這個基督救贖的奧祕是聖經的關鍵。在談話中，耶穌仍然向他們隱藏，但卻有揭示的一點，一個默觀的時刻，耶穌在他們當中被他們認出。那一刻是聖餐，這提醒我們，聖餐對我們察覺耶穌永活的同在是多麼重要。崇拜的一刻是祂從他們眼前消失的一刻，但在他們思想聖經時，立即促使他們察覺祂與他們同在。他們的心在他們裏面變得火熱。最後，與耶穌的相遇帶來喜樂和行動。他們趕回耶路撒冷，與其餘的門徒分享他們的經驗。靈閱是閱讀聖經，這種閱讀應該將我們與教會聯合起來，特別是在歡慶聖餐時。

路加福音二十四章13至32節

[13]正當那日，門徒中有兩個人往一個村子去；這村子名叫
以馬忤斯，離耶路撒冷約有二十五里。[14]他們彼此談論所
遇見的這一切事。[15]正談論相問的時候，耶穌親自就近他
們，和他們同行；[16]只是他們的眼睛迷糊了，不認識他。
[17]耶穌對他們說：「你們走路彼此談論的是甚麼事呢？」他
們就站住，臉上帶著愁容。[18]二人中有一個名叫革流巴的
回答說：「你在耶路撒冷作客，還不知道這幾天在那裏所
出的事嗎？」[19]耶穌說：「甚麼事呢？」他們說：「就是拿撒
勒人耶穌的事。他是個先知，在上帝和眾百姓面前，說話
行事都有大能。[20]祭司長和我們的官府竟把他解去，定了
死罪，釘在十字架上。[21]但我們素來所盼望、要贖以色列民
的就是他！不但如此，而且這事成就，現在已經三天了。
[22]再者，我們中間有幾個婦女使我們驚奇；她們清早到了
墳墓那裏，[23]不見他的身體，就回來告訴我們，說看見了天
使顯現，說他活了。[24]又有我們的幾個人往墳墓那裏去，所
遇見的正如婦女們所說的，只是沒有看見他。」[25]耶穌對他

們說：「無知的人哪，先知所說的一切話，你們的心信得
太遲鈍了。26基督這樣受害，又進入他的榮耀，豈不是應當
的嗎？」27於是從摩西和眾先知起，凡經上所指著自己的
話都給他們講解明白了。28將近他們所去的村子，耶穌好
像還要往前行，29他們卻強留他，說：「時候晚了，日頭已
經平西了，請你同我們住下吧！」耶穌就進去，要同他們住
下。30到了坐席的時候，耶穌拿起餅來，祝謝了，擘開，遞
給他們。31他們的眼睛明亮了，這才認出他來。忽然耶穌不
見了。32他們彼此說：「在路上，他和我們說話，給我們講
解聖經的時候，我們的心豈不是火熱的嗎？」

故事開始時，門徒在談論正在發生的事情，嘗試弄清楚他們的平常經驗的意義；最重要的，是在耶穌被釘十字架這結果後，他們與「在這一切中上帝在哪裏」這個問題掙扎。同樣，我們需要將這些問題帶到我們對聖經的閱讀中。但我們需要讓耶穌幫助我們明白。

祂以隱藏的方式這樣做，引導我們運用整本聖經來明白整幅圖畫。耶穌不怕處理我們的感受，特別是我們迷惑、憂愁，甚至憤怒的感受。故事也講述門徒的盼望和恐懼。這一切都與我們思想聖經有關。

我們努力明白上帝向我們說的話語時，需要讓我們的盼望和恐懼成為我們閱讀的一部分。這樣有助我們配合

內心——聖靈居住的地方。我們內心那感受到的回應是我們感覺到耶穌嘗試教導我們甚麼的地方。

與聖經的談話以邀請耶穌和他們一起吃晚餐而繼續下去。同樣地，思想的工作需要更個人地轉向耶穌，尋求在禱告中與祂一起。那可以成為發現和團契的寶貴時刻，在我們與整個基督徒羣體分享聖餐中以聖禮歡慶。

實踐部分

·重新發現閱讀·

需要就閱讀而說一些應用的說明，可能顯得奇怪。不過，閱讀作為溝通的方式，其重要性如今已比視聽媒介低得多，而這並沒有令閱讀變得更容易一些。我們期望信息可以直接看到，容易掌握，而不是明白。同時，我們用文字處理器、影印、電郵、傳真和文本設備、堆積如山的統計文件等處理的印刷文字卻大量增加。「瀏覽網頁」和我們需要學習聆聽上帝的那種閱讀剛好相反。現在，文本這個觀念已經被庸俗化，結果是我們不再期望閱讀，而只是快速翻閱我們看見的大部分文字。我們變得很粗略；也變得有防衛性，看到每天的郵包可以怎樣直接拋到廢紙箱。在大批紙張下面，我們很少期望留意一句生命的話。

在個人層面，我們也可能想到，現在我們很少友誼是由書信而不是電話維繫——真正的書信，而不是簡短的明信片或用文字處理器編印的家庭消息公告！那麼，我們有多預備好接受書寫的文字可以是上帝和人溝通的媒介，或與祂建立友誼的來源？

如果我們是讀者，我們應該想想，我們花大部分時間閱讀甚麼，以及為甚麼和怎樣閱讀。因為，當我們轉向聖經時，我們很多關於閱讀的習慣和假設都需要被修改。閱讀並不容易。例如：人們說一份報紙和一本小說有同等字數。但坐下來看報紙肯定是比較容易的。雖然報紙每天都有分別，但我們享受報紙的是它的可預測性；沒有甚麼太具威脅性，那是一天所做的第一件事，我們習慣了的世界的穩定性！想一想以《電訊報》（*Telegraph*）而不是《衞報》（*Guardian*），或者反過來開始一天，會困難多少。頭條、圖片、俏皮話和漫畫、專欄、印刷——一切都是為了讓我們容易瀏覽，感到我們跟得上潮流，我們可以連貫地，即使不是聰明地，參與喋喋不休階級的交談。

我們對聖經有甚麼假設和期望？這是我們在禱告中應該考慮的事情。如果大部分聖經都令我們失望，甚至激怒我們，必定不應該令我們感到驚訝。我們需要耐心地祈禱，學習聆聽上帝嘗試在我們閱讀的聖經中向我們說甚麼，而不是我們想聽甚麼；我們也需要祈求我們不會視那意義為理所當然的，或者因為它可能實際上邀請我們與上帝對話而感到驚訝。我們是否準備好，讓上帝教導我們怎樣閱讀聖經？我們可不可以藉著，讓上帝透過我們的挫折和疑惑教導我們，得到所需的忍耐和專注這些質素？

有一點很明顯：我們需要一本讓我們在理解方面沒有太多實際困難的聖經。有好幾個現代的譯本。學者對它們的質素可能相當鄙視；但我們不是嘗試作學者。身為讀者和以上帝的話語禱告的人，我們的需要是不同的。對包含一些閱讀指引的聖經，例如有導論、段落標題或一些註腳的聖經，我們有很多話説。頁邊的參照是發掘平行的一個方便的方法；但我們必定不能誤入歧途，只研究參照，而不是聆聽它們嘗試説甚麼。

·緩慢地閱讀·

因此，我們需要重新發現閱讀的藝術，並樂意讓我們的閱讀能力被擴展，甚至去到極限！我們特別需要學習緩慢地閱讀。《讀者文摘》（*Readers' Digest*）有一個經常被人引述的故事，是在一九七三年六月由一位商人皮定頓（Sidney Piddington）發表的。他曾經在新加坡被囚禁在日軍的戰俘營三年。期間他發現「超慢閱讀的特殊喜悅」。而「超慢閱讀」也是那篇文章的標題。他嘗試令自己那本寶貴的書可以盡可能長時間使用，於是訓練自己逗留在每一頁上，進入作者描述的經驗。他的閱讀自然地進入聆聽和回應的節奏。正如他的描述：「有時某個詞組吸引我的注意力，有時是一個句子。我會緩慢地閱讀，分析、再閱讀，或者更減慢速度，然後坐二十分鐘，思想那句話，然後才繼續讀下去。」放慢下來不單令那本書可以看更久，更有額外的得益，皮定頓發覺這個做法令他脫離戰俘營的污穢和無意義，將他置於更人道的世界；超慢閱讀保存了他的理智，他人類的尊嚴和他內在的自由。

除了重複閱讀外，還有很多放慢下來的方法。早期的修士用背誦來學習經文或經文的一部分；另一些人則細心抄寫出來。我們已經提過高聲誦讀的好處。有些人喜歡比較不同譯本，或者聖經的平行經文，並細味不同的側重和強調。任何這些方法都是可以的。我聽過有人默寫出一段經文，然後將自己記得的與原文比較；遺漏和註釋都有指導作用。

·反思性閱讀·

閱讀必須也是反思性閱讀。這實際上是下一章的主題。在這裏要說的，是我們接受上帝的話語時，往往會發覺如果能夠將我們的閱讀和聖經的不同段落連繫起來是有幫助的。視一段經文為整本聖經的一部分是理解工作的一部分。整本聖經構成上帝的話語。這裏的重點不是歡慶；我們不是嘗試寫經文的註釋或者研究神學。但有時我們需要準備「分解」一段經文，並以在神學上負責任（或者察覺我們的神學限制！）的方式進行：有時經文會自行「解開」，特別是在我們更熟練的時候。這樣做時，我們應該容許我們的記憶（會由聖靈推動）引導我們回應經文可能在我們思想中作出的連繫。更困難的經文並不能立即讓我們「咀嚼」，可能需要更小心地預備，留意註釋和更仔細地研究那些詞語。

這樣説的真正意思是抗衡過分主觀地閱讀聖經。如果我們不親自投入聖經，靈閱會沒有價值；但我們必須避免選擇性地使用聖經，或者只用它來回應我們自己的感受和思想。上帝的話語是有客觀性的，是有權威的，只有藉著對整本聖經的知識，以及教會在闡釋我們對基督的信仰時怎樣理解聖經，我們才能夠完全明白上帝的話語。這個問題將我們帶到超越初學者的需要：但或許需要提出這點，作為過早對當中涉及的事情而自滿所提出的警告。

·習慣聖經文學·

接著的事情是我們需要放棄我們對閱讀材料的期望。我們必須讓聖經自行揭示，教導我們它是關於甚麼。這表示有耐性和堅持：理想地來說，我們應該閱讀整本聖經（在一段合適的時間內）。只有這樣我們才真正能夠期望開始明白整件事。這並非表示我們現在甚麼也學不到。簡單的聖經手冊或伴讀（而不是註釋）可能有用。要找到入門的路是很困難的，特別是舊約。利用有幫助的東西。但如果發覺事情在開始時頗為困難，也不要感到驚訝。

語言的醜陋，風格的含糊和信息的提出，故事的遙遠和它的文化背景——所有這些因素，都令即使是最初期的教會也感到很困難。即使在新約寫成前，最初的使徒和我們的主自己，都要耐心地教導舊約向他們的世界說話，而那是惟一真正明白耶穌的生命中有甚麼事情發生的方法；但他們並非總能成功。

在古代世界那古典和文學性相當強的文化中，閱讀聖經要求重大地重新調校方向，接受聖經作為文學作品。在我們的時代，我們很可能比以前任何時候都更能夠欣賞聖經敍事的質素和力量。我們的困難更多會是講述救恩故事時的殘暴；不單人類做一些可怕的事情，上帝也似乎頗為殘忍。我們只需要記得故事的作者在故事形成的多個世紀中都只是凡人，是無知和有罪的。我們有一種可怕的傾向，根據我們自己來思想上帝。正是在這方面，我們必須讓耶穌教導我們批判地閱讀舊約。

舊約有那麼多律法色彩，這事也令我們感到頗為奇怪：耶穌教導我們以不同的方式明白律法的功用，而初期教會明白舊約的祭祀（相對於道德）律法已經被基督的死和受苦取代。同樣，新約——特別是希伯來書——是我們寶貴的老師。

為了培養對聖經敍事的感覺，我們對文學的任何理解，都會有所幫助；特別是我們與聖經不同部分的不同文類的接觸能力。有合適的引言的聖經會有助我們區分不同文類。律法書（摩西五經）的讀法需要，跟接下來的歷史書不同，雖然它們似乎是故事中接下來的章節。同樣，先知書是對上帝百姓的故事的艱難，作十分詩意的默想，其中充滿譴責，也充滿應許和鼓勵。這些書卷是詩歌的結集，在不同的歷史背景下寫成，它們被放在一起，沒有多大留意原來的背景，這些背景往往有助我們進入故事。在這裏，有註釋和互相參照的聖經會有幫助，特別是將它們與歷史書的事件連繫起來。「著作」是舊約另一個主要類別，包括詩歌和散文故事，往往反映較後期猶太作家和思想家的智慧。

新約也有它的文類。福音不單是耶穌的生平，也提出祂宣告的好消息：號召人們接受信仰。書信反映作者和收信人的各種不同關係，無論收信人是整間教會的整個羣體或個別的人。使徒行傳需要和路加福音一起併讀，因為這兩卷書形成相互補充的兩部分，正如作者在使徒行傳的序言中解釋那樣。這令啟示錄在新約成了一卷特別的書，它包括很多晚期猶太文學的天啟想像。我們不應該將它理解為預測世界的終結，而是一個異象，顯示基督勝過死亡，怎樣在那些仍然與罪搏鬥，特別是那些面對殉道的基督徒的生命中活出來。

但文學感覺只是一個優點；不是練習的重點。我們仍然應該嘗試在不同的層面進入故事，將它當為上帝的話語來閱讀和聆聽。我們每個人都要找出一種閱讀方式，是不單對自己有用，而且有足夠的彈性，可以配合不同種類的經文。更具教導性的經文，無論是道德還是神學（例如書信），可以更直接地説話；不過，不要忘記將它們連繫到你自己的生命和你對耶穌的理解；讓它們同時向你的心和思想説話，作為呼召你繼續在恩典下轉化，初期的基督教傳統視這為歸信的持續過程。福音書的經文有時需要更多運用想像力，藉以探討你怎樣「配合故事」：耶穌是從人類的處境説話，我們也需要有自己的處境。伊格那丟式（Ignatian）默想往往使用這種取向。很多人都是這樣學習以聖經默想。在回應這些經文時，並非總是需要好像有些人那樣深入運用想像力：最終我們嘗試在福音書中聆聽上帝的話語。其他敍事，特別是舊約，則更難變成我們自己的東西。在這裏，強調可能傾向放在事件在救恩歷史中的地位——總要記得看到前基督教敍事背後的歷史前設。有時候，它和福音或新約的著作有更直接的連繫，一句引文或一件事件預示主或教會生命的一些事情。有時一個人物會顯出神聖應許中的某些信心質素，是在耶穌基督裏實現的。例如希伯來書十一章。閱讀舊約時連繫到耶穌基督和福音總是有幫助的，無論那關係是怎樣表達出來。

·聖經故事的一些視角·

故事很大，但背後有不同主題，而且是統一的。聖經的寫作涵蓋了一千年，它講述的故事可以追溯到更早的一千年。但在過程中，或許有四個主題，四個上帝的話語來到我們的途徑，講述我們的生命怎樣與上帝的生命連結起來。

首先是立約和應許的主題。上帝與那些屬祂的人一起；祂帶領他們，堅持與他們一起，赦免他們持續墮落。這個故事在舊約的範圍內一再重複，以色列人一再有信靠和不信的時期，有委身和不忠，有出賣和更新應許的時期。這個故事繼續下去。

第二是生命或律法的主題。律法是上帝與祂百姓立約的基礎，因為祂想我們分享祂自己的生活方式，在我們一起生活時，遵守祂信實和公義的標準。祂對我們的要求是絕對的，正如祂的仁慈和憐憫，在我們回應的努力動搖時，會臨到我們一樣。舊約的智慧文學是這個主題的變奏。

第三是預言的主題，在其中上帝繼續呼召百姓歸向祂，令他們為帶領祂百姓的工作負責。這是關乎召命和使命的詞語。祂的話語交託給我們，有聖靈帶著這話，這話呼召祂的百姓悔改，這是醫治和鼓勵及安慰的話語。

第四是審判的主題，這個詞區分善惡，將一切都放在上帝審判的角度下，將它們置於世界的終結這個水平，召喚我們現在為了上帝的國度而努力，這個國度沒有終結，在那裏只有上帝是主。

這四個主題貫穿新舊約，幫助我們配合聖經故事作為我們在基督裏的救恩故事背後的統一。這些主題在舊約特別突出，在那裏我們可以看到人類有甚麼感情和回應，各種人類性格怎樣活出來，以不同方式對待上帝，上帝可以怎樣對待人的生命，為了自己的目的而將那些生命改變，令它們成為祂恩典和愛的工具。這樣，我們可以開始看到這個大故事可以怎樣理解為信心的故事，在我們主的出生中得以完成。舊約為新約作準備：它是關於怎樣在我們中間為我們的上帝成為肉身預留空間的故事。

這樣我們便可以開始在整本聖經中看到耶穌的存在。對基督徒來說，聖經的核心是耶穌自己對我們說的話，也就是福音，祂將福音交託我們，作為給所有人的拯救。耶穌的故事在新約裏說了四遍，是我們掌握整本聖經的神聖意義的中心。身為上帝和人，祂不單是信息的關鍵，也教導我們怎樣回應上帝不斷邀請我們轉向祂。耶穌是完美地忠於上帝的那一位，祂即使在客西馬尼園和各各他時，仍然沒有失去對上帝的信心或盼望；祂絕對是我們的同伴和不失敗的引導。身為完全公義和無罪的那一位，祂是我們公義的始創者和真正生命的道路。身為在回應上帝的呼召時完全順服的那一位，祂呼召我們事奉祂，將祂自己的使命交託給我們。在祂的智慧中，祂教導我們真正看到善和惡之間的分別，一切都是透過祂在智慧和美中創造，祂自己就是新和永恆生命的創始者。

•

我們在這整個故事中找到我們的路時，我們也可以開始找到它怎樣連繫到我們自己生命的故事。我們是那故事的一部分。但我們不單應邀在一個偉大的設計中扮演自己的角色。上帝怎樣主動要別人在我們的生命中找尋祂，我們可以從中有所學習，而從別人怎樣以多種不同方式回應祂中也有很多東西可以學習。我們就是這樣學習在與上帝的關係中生活。

第二章：接受聖言

靈閱第二個活動的傳統名稱是默想。同樣，這是有點兒誤導，因為這個詞用來指修道傳統中一些頗為獨特的東西，靈閱的理論正是源自那東西。而自從中世紀開始，這個詞便有各種十分不同的用法。

不太多年以前，人們認為「默想」是系統地思想一段聖經經文或一個主題，而且通常十分倚重想像。這種活動背後的目的是透過與經文建立一些個人的關係，發現一些供考慮的要點，一些有助對個人的生命得出一些結論的東西，以及通常包括上帝對個人生命的旨意。一位對這種默想富批判性的評論者，將這種默想比作屠夫將死肉切成可供烹調的肉塊的工作！這種默想與靈閱中那種默想的真正分別，是它只與經文建立關係；卻不是關乎加深個人與上帝的聖言的接觸。

更近期，或許特別是因為人們受到對東方宗教智慧的興趣影響，默想被理解為一種思想操練的技巧，以某種方式超越理性思想的正常過程，支持意識一種較不加區別的狀態；超覺靜坐（transcendental meditation）是好些年前一個流行的例子。雖然默想在這個意義上的影響來自東方宗教，這種方式也有一點兒對基督教禱告傳統的理解。我期望現在大部分人會根據這個意思理解這個詞，它變得愈來愈普遍也是正確的。但我們在這裏毋須探討這點，因為它不涉及我們在靈閱那種思想經文，藉以嘗試聆聽上帝。

這裏也有一個危險：我們以頗為狹窄的方式理解我們在靈閱探討的默想，意思是它有例如在中世紀的著作《未知之雲》（*The Cloud of Unknowing*）中提到的咒語禱告。鼓勵這樣運用聖經經文的過程的其中一名稱是專注的禱告（centering prayer；亦稱為歸心祈禱）。在這種禱告中，個人從事的工作不是以那個詞語為焦點；那個詞語只是令理性思想保持安靜，而內心則轉向上帝的方法。在咒語禱告中，那個詞只屬偶然，而在靈閱中，那個或那些詞是解開通往內心的路，通往禱告默觀的鑰匙。不過，雖然這樣說，在默想中實現了本身的目的的詞語在禱告和默想的工作中也可以作為依靠。但那是在較後的時候，源自我們現在考慮的活動，傳統上稱為默想。

在靈閱中，默想表示頗為簡單的事情：它是將我相信是個人地向我說的話語接受和帶到內心。我開始藉著懷著禱告的心閱讀而進入聖經，並開始聆聽上帝的話語時，我聆聽並將我內心的耳朵傾向那話。我珍惜它，思想它，尋求明白和回應我開始明白上帝向我所說的話語。從某個意義來說，這種默想是靈閱開始的地方，因為當我們讓聖經沉入我們裏面時，它便成為生命的話語。我們需要讓它沉入我們內心，就好像它沉入我們頭腦一樣。我們閱讀的不再只是書頁上的文字或故事，教化我們或有其他作用；我們開始配合另一些東西。我們開始掌握上帝向我們說話的方式，祂將生命吹進我們的存有的方式。正因為這樣，它關乎我們的心有多於我們的頭腦；它不單引導我們的思想，也模塑我們的生命。如果我們以這個意義接受那話語，我們是嘗試以那話被說出的氣息捕捉它；我們是吸入上帝說出祂的話語的聖靈；當我們聆聽聖經作為上帝的話語時，在我們的內心，我們的靈與聖靈和應。對我們來說，那靈是生命的氣息。

這令默想顯得頗為複雜；但事實上，默想頗為簡單，卻很深刻。它最簡單的形式，涉及兩個階段的過程：重複那些話，並消化它們，將它們帶到自己裏面。在古代世界，閱讀不是安靜的活動。一兩位以學識豐富著名的人，例如米蘭的聖安波羅修（St. Ambrose of Milan），他們令同代的人對他們留下深刻的印象，因為他們閱讀時通常都沒有聲音。但人們通常都在閱讀時向自己說話。*Meditari* 是用來指閱讀時的喃喃說話活動的動詞。在拉丁語，*meditari* 包括好些意思。它的古典意思概括地表示思想一些東西，沉思它，不一定有任何屬靈含義。它也表示練習某些東西，特別是練習一篇準備發表的演辭，綵排個人要說的話。以這個意義，聖本篤用來形容仍然未能夠背誦詩篇或日課閱讀的修士在冬天在守夜祈禱和黎明之間應該做的事情（聖本篤會規 8, 3）。見習修士有特別多的事情需要「默想」，而他們的見習期是用來做這些事情（會規 58, 5）。聖本篤意識到個人的默想怎樣可能令另一個嘗試小睡的人分心！

重複只是過程的第一個階段。默想也是吸收一段經文，移用它和在個人層面被它改變的方式。和現代對「背誦」的學習方式的厭惡相反，古代世界相信真正的學習是用心學習，也相信用心學習實際上是令內心被佔據，將學到的東西整合進個人的生活方式中。因此，閱讀需要分成不同部分，分析，並根據它與以前取得的知識的整體來理解。記憶比現在更被視為我們人格遠為豐富的面向，雖然有精神分析。將某些東西交託個人的記憶，令它可以在內在層面吸收到個人的品格中。學習成了智慧的來源。

用來描述這個過程的一個不大可能的意象，是牛咀嚼飼料。但這是一個好的意象。牛製造牛奶的意象，捕捉了聖經的話語需要消化，不單以我們的頭腦，更是以整個系統來消化；這個真理，就好像牛在食物變成牛奶時，咀嚼、消化，然後咀嚼那反芻的食物。這個意象強調反覆思考這個現代意思。有時粗糙的食物需要很多消化，但那牛奶是我們靈魂需要的食物。

為了讓這事發生，我們往往需要進入我們閱讀的經文的意義。我們可以嘗試親自進入故事中，尋找那故事怎樣配合我們自己的故事，給予它亮光。默想一段經文，嘗試將經文展開，讓我們可以在自己生命裏，找到我們在閱讀時思考的同一精神、同一盼望和生命。聖經對信仰的見證，有助模塑我們自己的信仰故事。默想是雙向的過程——上帝向我們說話，以及我們進入故事中——但那基本的事情，是我們聆聽和接受我們聽到的生命之言。這就是在上帝和我們之間製造連繫，令禱告變得可能，並令我們能夠以信心生活。

在嘴唇上和在心裏

在默想中，我們嘗試做的，是在閱讀中停留在一個詞或一段經文中，是與我們有共鳴的。藉著安靜地重複一句話，反覆思考它，我們將它在我們思想中翻動，讓它的意義進入我們心中。那個詞從我們的耳朵或嘴唇移到我們的思想，並進入我們的心。保羅引用舊約一段美麗的經文（申三十 4）指出這個連繫。

羅馬書十章4至8節

4律法的總結就是基督，使凡信他的都得著義。5摩西寫著說：「人若行那出於律法的義，就必因此活著。」[6]惟有出於信心的義如此說：「你不要心裏說：『誰要升到天上去呢？（就是要領下基督來；）[7]誰要下到陰間去呢？（就是要領基督從死裏上來。）』」[8]他到底怎麼說呢？他說：「這道離你不遠，正在你口裏，在你心裏。（就是我們所傳信主的道。）」

羅馬書這段經文是一個好例子，顯示基督徒羣體怎樣在歷史的早期使用舊約。在這裏，解釋將那個詞語的理解和緊密集中在耶穌基督自己上：道成肉身和復活有新生命，祂的話語是活生生和活躍的。保羅在新約形成前寫作，提到教會的傳道；但上帝的話語在我們自己在教會的公開和私人禱告中閱讀聖經時，也是活生生和活躍的。

在靈閱中，總是值得思考引用舊約時那原來的上下文。在這段經文原來的上下文中，在申命記裏，摩西在以色列人走過沙漠、進入應許地，以及他自己去世前向以色列人說話；他邀請他們與上帝立約，留意上帝對以色列的信實。這個上下文幫助我們看到，在保羅在羅馬書的論證中，信心是十分重要的，也是我們向上帝委身的基礎，它是源自上帝對我們的信實。而這雙向的信心委身，是以耶穌為中心的。

耶穌所說的話對我們來說是新約，與上帝的新關係的基礎，是我們在靈閱中聆聽的話語。這裏帶出的嘴唇和心之間的連繫，提醒我們，當我們以聖經為糧時，上帝與我們很親近，正如經文教導我們，我們需要將上帝的話語深深帶進我們內心。

基督自己在總結律法時，提到申命記較前一段相似的經文（太二十二 37）。

申命記六章4至9節

4「以色列啊，你要聽！耶和華——我們上帝是獨一的主。5
你要盡心、盡性、盡力愛耶和華——你的上帝。6我今日所
吩咐你的話都要記在心上，7也要殷勤教訓你的兒女。無
論你坐在家裏，行在路上，躺下，起來，都要談論。8也要
繫在手上為記號，戴在額上為經文；9又要寫在你房屋的門
框上，並你的城門上。」

同樣是將內在和外在地移用那話語連繫起來。兩者一起，這裏特別指出，外在重複那話語是學習和記憶它的寶貴方式。這就是它可以模塑一種生命的方式。

經文不單是立約的記號，也是記得那約，並賴以為生的方法。

耶穌時代的猶太人，按字面接受這誡律，雖然耶穌警告人們不要單在形式上遵守，做事情只為了讓別人看到（太二十三5）。因為外在和內在並非總是一致的，而形式上的遵守需要內在化。福音書提到舊約對將外在表現和內心對上帝的專注分開的警告（太十五 8）。內化那話語的重要性，是默想的實踐十分認真看待的事情。

詩篇給我們幾個例子，顯示猶太人對默想的理解，是靈閱以之作為基礎的。詩篇一百一十九篇這篇最長的詩篇，是默想上帝的律法作為良好生命的法則，這篇詩包含很多經文，是關於重複作為將上帝的話語帶到心裏的價值。

詩篇一百一十九篇11至16節

11我將你的話藏在心裏，免得我得罪你。

12耶和華啊，你是應當稱頌的！求你將你的律例教訓我！

13我用嘴唇傳揚你口中的一切典章。

14我喜悅你的法度，如同喜悅一切的財物。

15我要默想你的訓詞，看重你的道路。

16我要在你的律例中自樂；我不忘記你的話。

這些經文暗示，默想上帝的話語是在個人存有的每一個層面移用的複雜過程的一部分。它們提到眼和口，以及默想、記憶和喜悅。那平衡是希伯來詩歌的特別風格，是在在心裏儲存和用嘴唇宣告之間作出；而稍後則是在以眼睛注意和在默想中，以思想注意這些互補的層面之間作出。

在43至48節可以找到一段相似的經文，那裏在口中的話和心裏的默想中找到平衡。

比蜜糖更甜

這種方式的默想教導我們怎樣以聖經為樂。它們不是可以即時接觸到的，但只要有耐性和建立熟悉，它們便可以成為更新的來源。詩篇十九篇提到它們比蜜糖更甜——詩篇一百一十九篇103節也使用同一個比喻。上帝的話語並不止是冷淡乏味的麵包和牛油！但我們不能期望不努力便能夠一嘗聖經。

詩篇十九篇7至14節

7 耶和華的律法全備，能甦醒人心；

耶和華的法度確定，能使愚人有智慧。

8 耶和華的訓詞正直，能快活人的心；
耶和華的命令清潔，能明亮人的眼目。
9 耶和華的道理潔淨，存到永遠；
耶和華的典章真實，全然公義——
10 都比金子可羨慕，且比極多的精金可羨慕；
比蜜甘甜，且比蜂房下滴的蜜甘甜。
11 況且你的僕人因此受警戒，
守著這些便有大賞。
12 誰能知道自己的錯失呢？願你赦免我隱而未現的過錯。
13 求你攔阻僕人不犯任意妄為的罪，
不容這罪轄制我，
我便完全，免犯大罪。
14 耶和華——我的磐石，我的救贖主啊，
願我口中的言語、心裏的意念在你面前蒙悅納。

經文有力地見證忠心地閱讀聖經的價值。或許我們可以藉著將陳述變為請求，將經文當作禱告：願它甦醒我的心，願它令我有智慧……

蜜糖的比喻和咀嚼及消化的比喻有直接關係，而這個比喻是基督徒對我們在這章的引言中提到的默想的理解的中心。

在口中甜蜜，但在腹中則變苦

在口中甜蜜的話語，需要咀嚼和消化。接受上帝的話語是一個得營養的過程，上帝的話語將生命賜給服從的人。聖經有好些地方談到吃上面寫有上帝的話語的書卷。第一個是先知以西結（結三 1~3），這個主題在新約的啟示錄中採用。

啟示錄十章9至11節

9我就走到天使那裏，對他說：「請你把小書卷給我。」他
對我說：「你拿著吃盡了，便叫你肚子發苦，然而在你口
中要甜如蜜。」10我從天使手中把小書卷接過來，吃盡了，
在我口中果然甜如蜜，吃了以後，肚子覺得發苦了。11天使
對我說：「你必指著多民、多國、多方、多王再說預言。」

如果聖經只好像蜜糖那樣，很可能是不能忍受的！但這是令人清醒的提醒：上帝的話語不單是容易的言談或安慰的話。書卷是苦的，是因為那信息是強硬的，而給接受者的任命是嚴肅的。

我們可以記起，我們是透過以上帝的話語為樂，來發現祂對我們的目的。我們閱讀的，並非總是立即吸引我們，但卻會幫助我們藉著留意令我們感到吸引的事情而開始；漸漸地愈來愈熟悉上帝說話的方式，會令我們的味覺，對祂的各種風格都更敏感。

默想可以始於享受我們的閱讀。這並非不好的想法；它是有助我們全面向祂的意義開放自己的回應。但我們需要從單純的享受前進，開始運用我們的閱讀來影響自己。將那話語帶到內心，並將我們的心轉向上帝，比單單在吃過一頓美食後坐下來有更高的要求。

心裏的泥土

如果默想始於重複上帝的話語，它便是由將那話帶到心裏完成。聖經給我們一套完全不同的比喻，來考慮這涉及甚麼。那比喻是種子和它在其中播下並生根的泥土。這次這個比喻幫助我們更深刻地思想，我們怎樣聆聽和接受上帝的話語。

福音書中有幾次都報導耶穌說：「有耳可聽的，就應當聽。」但祂這樣說，顯示人們實際感到很難以適切的意義來聆聽。撒種的比喻介紹我們聆聽耶穌時的困難。福音書本身提供解釋。那些話就好像種子；土地接受它，它發芽、生長、結出果子。故事已經教導我們一些事情：要聆聽，我們需要好像泥土接受種子一樣。我們閱讀的話語是有生命的東西，或者是會在我們裏面有生命的文字。它們也不單是書頁上的文字；它們是被播下的。路加福音的描述是明確的。種子是上帝的話語。從某意義來說，我們的閱讀開放我們接受上帝將種子播在我們心裏的工作。或者它可以這樣做。不過，有很多事情帶來妨礙。

路加福音八章11至15節

11「這比喻乃是這樣：種子就是上帝的道。12那些在路旁
的，就是人聽了道，隨後魔鬼來，從他們心裏把道奪去，
恐怕他們信了得救。13那些在磐石上的，就是人聽道，歡喜
領受，但心中沒有根，不過暫時相信，及至遇見試煉就退
後了。14那落在荊棘裏的，就是人聽了道，走開以後，被今
生的思慮、錢財、宴樂擠住了，便結不出成熟的子粒來。
15那落在好土裏的，就是人聽了道，持守在誠實善良的心
裏，並且忍耐著結實。」

這裏提到三種不同的障礙。在第一個情況，那些話甚至不能「發芽」。這些是我們在專注方面的基本困難，甚至不能令我們所閱讀的給我們留下印象。福音書在這裏特別提到的困難則更嚴重：撒但來將那些話奪去。關於注意上帝的困難，我們需要忍受我們的軟弱。但還有糟得多的

困難：我們就是完全不想聆聽祂。有時我們需要面對罪這個基本態度，它阻止我們聆聽上帝。路加繼續說，魔鬼把那些話奪去，「恐怕他們信了得救」。這提醒我們，所有對上帝的聆聽都是信心的態度的一部分，一種需要、信任和盼望的感覺。我們可能需要祈求，在開始懷著禱告的心聆聽聖經時更清晰地有這信心的感覺。

第二種障礙是我們自己聆聽的貧乏。我們回應得很快，但種子卻不能在我們生命中生根。泥土太淺了。在考驗時我們便放棄。希臘文聖經裏用來指「試探的時候」的詞語，其意思不單是普通的試探——它們是耶穌接著提到的荊棘：它表示考驗的時間，嚴重得足以動搖我們作為整體的信心。耶穌區分了情感層面的即時回應，和我們委身的質素，一種在我們意志中有目的的穩定。我們並非不應該懷著喜悅——或任何感情——聆聽祂，但我們的聆聽的成果不是由我們的感情，而是由我們的生命來衡量。重要的是在閱讀和聆聽中要清楚這個分別。如果我們為了一些情感狀態而閱讀，肯定犯了一個基本的錯誤：我們的動機應該是尋求真理和智慧。那可以轉化我們的生命。

最後一個困難源自佔據我們思想的事情：生命的憂慮以及財富和快樂——這兩種困難是互有關連的。馬可和馬太都提到我們怎樣被財富蒙蔽和欺騙；馬可集中在欲望而不是快樂上——我們怎樣渴求物品，這是比單純的快樂更大的類別。無論怎樣表達，這裏的主要困難源自我們生命中缺乏簡樸和正直。上帝話語的種子生根和成長，但卻被在我們生命的「生態系統」中與它競爭的所有其他植物擠住。

這些是不同的障礙。好消息是：在很大程度上，我們是藉著嘗試聆聽那話，將它帶到我們生命中，從而更清楚地察覺到阻礙它的不同事物。那話語教導我們，我們需要對自己做甚麼，才能夠更好地聆聽。播種的人也預備土地，並幫助我們改良泥土。

好土是令我們整潔得足以聆聽和接受那話的（正如馬可講述那比喻），保存著它，令它成為我們生命的一部分，讓它結出果子。路加帶出需要忍耐和堅持。我們不能也不應期望很快有結果。靈閱的果子需要很長時間才會成熟。那話語特別教導我們，在持守那話語，令它成為我們生命的一部分時，我們需要面對的困難，也幫助我們更多結果子地這樣做。

聆聽的耳朵

撒種的比喻是所有福音書記載耶穌的教導中的第一個比喻。這個比喻處理我們聆聽上帝時的一些困難。但我們嘗試接受上帝的話語時，我們聆聽甚麼？有時耶穌的教導是清晰的；但祂的教導的核心在比喻中，或許我們的默想可以嘗試做的一件事，是以同樣方式視我們的生命和世界為比喻。比喻的關鍵是它傳遞一個暗示，一個關於上帝國的洞見，上帝帶來的事物的新秩序。我認為我們最好嘗試學習以同樣方式視我們的生命為故事。關於比喻的另一件事情，是它們往往在圖畫的中心，有一種悖論或不可能。這些悖論是可以一瞥上帝國的地方。如果我們視我們的生命為比喻，我們應該特別留意我們感到有張力或不可能的地方，我們肯定自己的資源無能為力的地方；那裏可能就是上帝給我們的意義所逼近的地方。無可避免地，我們需要花很多時間找出悖論和生命的矛盾中的積極意義；但這是比喻通常發揮作用的方式。

馬可福音四章9節

9又說：「**有耳可聽的，就應當聽！**」

這句話在福音書中記載了幾次。人類的特點是有經驗卻錯過了那意義，特別是當我們在陌生的地方時。更重要的是要特別留意上帝的意思，因為對那些還未開始學習怎樣聆聽的人來說，那總是陌生的。正因為這樣，重要的是要加深我們接受上帝的話語的能力，正如撒種的比喻說明那樣。

不過，我們並非完全倚靠自己的資源。耶穌幫助我們明白，正如祂幫助門徒明白一樣。

馬可福音四章33至34節

[33]耶穌用許多這樣的比喻，照他們所能聽的，對他們講道。[34]若不用比喻，就不對他們講；沒有人的時候，就把一切的道講給門徒聽。

在福音的核心是一個祕密，天國的奧祕，是不可能讓每個人都明白的，但卻有我們生命的意義的鑰匙。上帝的意思不容易跟隨——但耶穌幫助我們明白。正如祂向門徒解釋一切，默想是給耶穌時間幫助我們明白上帝的意思。

耶穌怎樣可以為我們這樣做？我們必須讓祂及祂觸摸我們內心深處的方式來行事。我認為其中一個幫助我們開啟一段我們思想的經文的意義的方式，是考慮它怎樣令我們想起聖經其他經文，以及幫助我們將我們所閱讀的和我們的經驗連繫起來。正因為這樣，默想應該頗為從容，沒有固定的技巧和計劃。它必須向聖靈開放；並專注於耶穌，以及祂可能帶領我們發現甚麼。

我們需要留意的是一些洞見。總要選擇對你自己而不是別人的洞見：在智慧中成長，這是聖靈的工作，這永遠都不是藉著責備別人得到的；它總包括我們自己。洞見可以突然來到，好像閃光，或者好像我們心中的黎明一樣漸漸到來。有時候，它沒有那麼驚人，而更像清除迷霧。

馬太福音十三章13至16節

[13]「所以我用比喻對他們講，是因他們看也看不見，聽也
聽不見，也不明白。[14]在他們身上，正應了以賽亞的預言，
說：『你們聽是要聽見，卻不明白；看是要看見，卻不曉
得；[15]因為這百姓油蒙了心，耳朵發沉，眼睛閉著，恐怕
眼睛看見，耳朵聽見，心裏明白，回轉過來，我就醫治他
們。』[16]但你們的眼睛是有福的，因為看見了；你們的耳朵
也是有福的，因為聽見了。」

聆聽並不自動表示明白。明白不單是頭腦上的洞見：它是關乎內心。要明白上帝的話語，我們需要想被祂改變和醫治。我們需要學習承認令我們的知識失靈的疾病，這疾病令我們的心變得粗糙，令我們逃避光。再次，是我們閱讀的話語可以幫助我們：聖經可以幫助我們診斷我們的心，並提供治療。找尋耶穌總是祝福的來源。

路加福音八章16至18節

[16]「沒有人點燈用器皿蓋上，或放在牀底下，乃是放在燈臺
上，叫進來的人看見亮光。[17]因為掩藏的事沒有不顯出來
的；隱瞞的事沒有不露出來被人知道的。[18]所以，你們應當
小心怎樣聽；因為凡有的，還要加給他；凡沒有的，連他自
以為有的，也要奪去。」

我們所配合的話語可以成為光，揭示內心隱藏的角落。默想有助穿透我們內心的剛硬。它開展一個禱告的地方，一個有異象的地方。

耶穌在經文的最後一節顯得頗為陰鬱。在靈閱的背景下，那重點是頗為明顯的。如果我們可以開始在默想中聆聽上帝，我們便能夠學習祂要向我們個人說的話；而這超越我們開始時看的文字。

將話語帶到內心

和任何偉大的文學作品一樣，上帝的話語沒有簡單的信息給我們去「取得」，然後去到下一個信息。隨著它成為我們屬靈想像不可或缺的部分時，我們會發覺它的意義得以逐步揭示。因此，在默想中能夠將上帝的話語存在我們心裏，培養

內心的質素，令我們好好保存那話，往往便已經足夠。時候會到，根據上帝美好的時間，我們可以回到我們默想過的話語，並能夠明白它。更可能的是，它在我們記憶裏攪動，帶領我們明白。

登山寶訓（太五~七章）特別教導好些關於怎樣將那話帶到內心的教訓。耶穌以徹底的方式講述將那信息內化。

馬太福音五章20至24節、43至48節

[20]「我告訴你們，你們的義若不勝於文士和法利賽人的
義，斷不能進天國。[21]你們聽見有吩咐古人的話，說：
『不可殺人』；又說：『凡殺人的難免受審判。』[22]只是我
告訴你們，凡向弟兄動怒的，難免受審判；凡罵弟兄是拉
加的，難免公會的審斷；凡罵弟兄是魔利的，難免地獄的
火。[23]所以，你在祭壇上獻禮物的時候，若想起弟兄向你
懷怨，[24]就把禮物留在壇前，先去同弟兄和好，然後來獻
禮物……」

[43]「你們聽見有話說：『當愛你的鄰舍，恨你的仇敵。』
[44]只是我告訴你們，要愛你們的仇敵，為那逼迫你們的禱
告。[45]這樣就可以作你們天父的兒子；因為他叫日頭照好
人，也照歹人；降雨給義人，也給不義的人。[46]你們若單愛
那愛你們的人，有甚麼賞賜呢？就是稅吏不也是這樣行

嗎？[47]你們若單請你弟兄的安，比人有甚麼長處呢？就是外邦人不也是這樣行嗎？[48]所以，你們要完全，像你們的天父完全一樣。」

耶穌教導我們以徹底和內在的方式應用舊約的話語：檢視我們的思想和欲望。我們可以大致採納耶穌的辯證模式來加強我們的聆聽：「你們聽見怎樣說……只是我告訴你們……」

如果沒有對上帝的信心，沒有對祂醫治和轉變的能力的盼望，這種自我檢視只是病態的。但耶穌所指的，完全不是自負的自我完全；而是我們身為上帝的兒女的成熟，在我們裏面上帝的話語有很大的收成。

辨別內心的意圖

另一個將上帝的話語帶到我們內心的方法，是在聆聽和留意我們的感受時配合自己。這種「感受的回應」來自比我們的頭腦更深的地方。例如：我們不單需要留意耶穌說甚麼——不要動怒；愛你的仇敵，或任何話——也要留意我們聽到時有甚麼感受。那給我機會在上帝面前考慮自己的感受。我可能感到憤怒是合理的；但我從沒有感到能夠恰當地表達出來。這是一個極端的例子（但或許並非不常見）。但在這個情況下，它可能推動我們祈求勇氣或者智慧，知道怎樣有建設性而不是自我破壞地運用憤怒。我預期我們更多是被引領思想我們的恐懼、我們的焦慮、缺乏盼望等。這個取向對我的重要性，在於它是進入內心的寶貴方式。內心是我們個人的中心，雖然它比我們的情感生命更深刻，我們的感受是對事物的回應，這是尋找通往那扇門的路徑的好方法。在裏面有一個地方，可以讓我們在禱告中安靜地與上帝一起。

最能夠顯示欣賞上帝的話語怎樣幫助我們診斷我們的思想和內心的隱藏活動的經文是希伯來書。

希伯來書四章12至16節

12上帝的道是活潑的，是有功效的，比一切兩刃的劍更快，
甚至魂與靈，骨節與骨髓，都能刺入、剖開，連心中的思
念和主意都能辨明。13並且被造的沒有一樣在他面前不顯
然的；原來萬物在那與我們有關係的主眼前，都是赤露敞
開的。

14我們既然有一位已經升入高天尊榮的大祭司，就是上
帝的兒子耶穌，便當持定所承認的道。15因我們的大祭
司並非不能體恤我們的軟弱。他也曾凡事受過試探，與
我們一樣，只是他沒有犯罪。16所以，我們只管坦然無懼

地來到施恩的寶座前，為要得憐恤，蒙恩惠，作隨時的幫助。

在這個我們視為默想的思想過程中，我們尋求進入我們閱讀的聖經裏面。那表示進入我們自己對它的回應（正面和負面），不單在頭腦的層面，也（更重要地）在內心的層面。所有禱告都涉及由頭腦到內心的朝聖，一段向內的旅程。從我們的感受開始，會有感情主義和感傷的危險；但不留意個人的感受，或者避免回應全面帶來感受的經文，都會妨礙聖經的話語到達我們的內心，因此而妨礙它成為上帝給我們的話語。因為，雖然感受和內心不同，它們讓我們看到朝內心走的路。內心是一個祕密的地方，很大程度上向我們隱藏；是一個神聖的地方，在那裏我們有上帝的形像，因為上帝居住在那裏。上帝的話語幫助我們進入那神聖的地方，在那裏釋放它的能力，透過我們透過聖靈與聖父的交往，重新創造我們。而聖父在聖子裏面顯明。

醫治的話語

上帝的話語不單是診斷的方法，也是醫治的來源，對靈魂的治療。在屬靈世界中暴露於聖靈之下，會促成在人類世界的醫治。這同樣是一個漸進的過程。它發生的其中一個方法是盼望打破僵局，幫助令事情發展。

這裏聖經中任何醫治的故事都是適合的。

路加福音四章40至41節

[40]日落的時候，凡有病人的，不論害甚麼病，都帶到耶穌那
裏。耶穌按手在他們各人身上，醫好他們。[41]又有鬼從好
些人身上出來，喊著說：「你是上帝的兒子。」耶穌斥責他
們，不許他們說話，因為他們知道他是基督。

重要的事情是我們需要接受我們需要醫治。

路加福音八章43至48節

[43]有一個女人，患了十二年的血漏，在醫生手裏花盡了她一
切養生的，並沒有一人能醫好她。[44]她來到耶穌背後，摸
他的衣裳繸子，血漏立刻就止住了。[45]耶穌說：「摸我的是
誰？」眾人都不承認。彼得和同行的人都說：「夫子，眾人
擁擁擠擠緊靠著你。」[46]耶穌說：「總有人摸我，因我覺得
有能力從我身上出去。」[47]那女人知道不能隱藏，就戰戰

兢兢地來俯伏在耶穌腳前，把摸他的緣故和怎樣立刻得好了，當著眾人都說出來。[48]耶穌對她說：「女兒，你的信救了你；平平安安地去吧！」

這個故事的美麗之處，是耶穌怎樣與婦人建立個人的接觸。她很沮喪，不敢自己走到耶穌面前：馬可的版本加上細節：「我只摸他的衣裳，就必痊癒。」她的信心對個人的相遇感到猶疑，這是合理的，但對耶穌來說卻並不足夠。祂採取主動，尋找她。這個故事有很多東西可供默想。

一顆純潔的心

默想這個過程的目標，是建立一種透明，讓我們可以全然向上帝開放，對祂的話語敏銳和有回應。傳統上這種透明被稱為「心的純潔」，它的意思肯定遠遠不單是更近期基督教術語中指沒有性方面的「不潔」。對修道傳統來說，它表示實現人類的自由，純潔和簡單，脫離任何貶損人的過分倚賴和干擾。它是透明的，意思是我們知道上帝看見和認識我們，我們也盼望看見和認識祂。這令我們內心持續察覺到上帝的同在。

這是一生朝基督徒成熟發展的目標。要達到這個目標，表示準備好處理折磨我們內在生命的多重不潔。

馬可福音七章6至7節、18至23節

[6]耶穌說：「以賽亞指著你們假冒為善之人所說的預言
是不錯的。如經上說：這百姓用嘴唇尊敬我，心卻遠離
我。[7]他們將人的吩咐當作道理教導人，所以拜我也是枉
然。」……

[18]耶穌對他們說：「你們也是這樣不明白嗎？豈不曉得凡
從外面進入的，不能污穢人，[19]因為不是入他的心，乃是入
他的肚腹，又落到茅廁裏（這是說，各樣的食物都是潔淨
的）」；[20]又說：「從人裏面出來的，那才能污穢人；[21]因為
從裏面，就是從人心裏，發出惡念、苟合、[22]偷盜、凶殺、
姦淫、貪婪、邪惡、詭詐、淫蕩、嫉妒、謗讟、驕傲、狂妄。
[23]這一切的惡都是從裏面出來，且能污穢人。」

這裏的討論關乎耶穌對舊約關於食物的複雜律法的態度。這是一個例子，顯示耶穌怎樣教導我們解釋舊約：祂沒有說摩西的律法是不相干的；但停留在外在層面並不足夠。從道德和靈性來說，進入口中的，並不如從口中所出那麼重要。有趣的是，福音書的作者用一句評語解釋耶穌的話，藉以支持較後期的基督徒廢除這些律法。

這裏的對比，擴展到只停留在嘴唇的話和發自內心的

話之間的對比。耶穌批評法利賽人的傳統教導；但那教導是基於對聖經的表面閱讀，而不是將聖經的話語帶到內心。耶穌自己的教導的權威令人驚訝，因為它是不同的。它在不同的地方吸引他們，在他們的真我中對他們說話，幫助他們改變。但這段令人清醒的經文強調某種欲望，好像撒種比喻中的荊棘一樣，與上帝在我們心裏的話語爭奪空間。它們是妨礙通往內心的路的事物。

耶穌關於純潔的心最清楚的教導是八福。

馬太福音五章1至12節

1耶穌看見這許多的人，就上了山，既已坐下，門徒到他跟
前來，2他就開口教訓他們，說：3虛心的人有福了！因為
天國是他們的。4哀慟的人有福了！因為他們必得安慰。
5溫柔的人有福了！因為他們必承受地土。6飢渴慕義的人
有福了！因為他們必得飽足。7憐恤人的人有福了！因為他
們必蒙憐恤。8清心的人有福了！因為他們必得見上帝。
9使人和睦的人有福了！因為他們必稱為上帝的兒子。10為
義受逼迫的人有福了！因為天國是他們的。11「人若因我辱
罵你們，逼迫你們，捏造各樣壞話毀謗你們，你們就有福

了！[12]應當歡喜快樂，因為你們在天上的賞賜是大的。在你們以前的先知，人也是這樣逼迫他們。」

耶穌稱為有福或快樂的人是這樣的：因為他們是上帝的新世界，祂的國度中的自然居民。令他們快樂的，是一系列事情，我們可能不會認為這些事情在多大程度上是快樂的關鍵，但它們卻是令人可能屬於天國的事情：靈裏貧窮（簡單，不分歧的內心）、溫柔、憐憫（哀慟的能力）、飢渴慕義、憐恤（以及公義）、清心。它們是謙卑的果子——也是好的果子，因為它們令人們可以和睦共處。教宗保祿六世（Pope Paul VI）就基督徒蒙召建立一種愛的文明說過值得玩味的話：這些質素是建造這種文明的磚塊。

因此，如果我們真的盼望有更好的將來，它們是我們應該更重視的事情。但它們和潮流背道而馳，它們也並非不受反對地繁盛，正如耶穌警告我們，祂稱最後一羣人為快樂時，他們是在為義受逼迫。考慮一下它們對抗甚麼。和它們相反的：（靈裏放縱）貪婪、硬心、輕蔑、（渴慕……事物？）物質主義、不公義（更不要說憐憫）、心不純潔、暴力和迫害、向別人發泄怒氣。這些是不文明的人；他們在我們周圍和我們裏面是相當強大的力量。

正因為這樣，耶穌是我們盼望的關鍵。八福的生命是我們在與祂的友誼中向祂學習的生命。八福和其他類似的經文，選出一些可能發覺這種關於基督——以及祂國度的現實——的洞見最容易實現的人。他們是不能以自己的情感或個人資源生活的人，因而一切都仰望上帝。

將那話語藏在心裏

最後，我們不應該不留意耶穌的母親馬利亞便離開這一系列關於接受那話語的思想。因為她是聆聽的典範，特別是在路加福音。

路加福音二章16至20節

16他們急忙去了，就尋見馬利亞和約瑟，又有那嬰孩臥在馬
槽裏；17既然看見，就把天使論這孩子的話傳開了。18凡聽
見的，就詫異牧羊之人對他們所說的話。19馬利亞卻把這
一切的事存在心裏，反覆思想。20牧羊的人回去了，因所聽
見所看見的一切事，正如天使向他們所說的，就歸榮耀與
上帝，讚美他。

我們曾在引言指出，馬利亞和家人以為耶穌瘋了這個故

事，路加福音有一個引人入勝的版本（路八 19~21）。那段經文裏沒有提他們到那裏的原因，因此，耶穌對自己真正家人的定義，不再是怠慢，而是可以包括他的親生母親，我們見到她特別用心「聆聽上帝的話並實行」。因為當天使加百列將上帝對道成肉身的計劃告訴她時，她說：「情願照你的話成就在我身上。」

同樣，使徒行傳顯示馬利亞獻身於禱告。

使徒行傳一章14節

14這些人同著幾個婦人和耶穌的母親馬利亞，並耶穌的弟兄，都同心合意地恆切禱告。

實踐部分

·一個簡單的建議·

那麼，我們怎樣默想聖經？重點是我們嘗試找一個方法，讓我們的閱讀自行說話，並在個人層面深入我們，作為我們涉及的事情，並向我們說話，無論我們怎樣閱讀，以及閱讀甚麼。正如在第一章提議那樣，最簡單的做法是緩慢地閱讀，以致能夠掌握一個句子或詞組，它們在甚麼時候和在哪裏向我們說話。這樣，我們便可以停下來，小心向自己重複那句話或那個詞組，直至它的意義深入我們。默想和正確的閱讀並行；我們必須緩慢和反思地進行，準備好讓我們的默想為我們的閱讀定下步伐和取向。我們可以讓我們聆聽的話語來幫助模塑我們關於自己、其他人或上帝的思想；我們自己與我們留意的話語之間的對話，便可以展開，在那裏我們談論事情（不一定用言語甚至思想！），作為給我們接受了的話語的回應。只要我們配合上帝的話語，並回應祂，我們的話或思想便會是禱告的話。不過，我們對那話語可能沒有這樣的想法，但那表示我們學習以新方法禱告，這至少可以豐富我們用來禱告的方式。

·幫助讀者開始的較長建議·

我們需要記得，在開始閱讀前先安靜下來。我們在上一章討論了這點。我們可以嘗試想到耶穌正在與我們一起閱讀那段經文，或者將那段經文讀給我們聽。我們閱讀（或更好是聆聽）時，需要嘗試掌握我們的回應。區分經文的簡單意義（頭腦的回應）和感受的回應（內心的回應），往往是有幫助的：它怎樣打動我？有甚麼迴響？它們來自哪裏？一般來說，我們需要放慢閱讀（或聆聽）的速度，讓自己配合這感受的回應。對我們所閱讀的不同文字或經文，我們可能有不同的回應。我們應該盡可能留意那些回應，稍後專注於它們。我們可能感到，停下來更細心地聆聽是對的，但如果我們繼續，也不應該匆匆完成。如果我們最終所做的，比自己起初以為的少，那很可能是比較好的。

我們回到激起那感受的回應的話語時，向自己重複那些話，或者找其他方法消化它們。如果有幾段經文，我們必須一次只看一段。正如以前提過，我們可以將它們想像為食物：需要咀嚼、吸收和享受。我們需要專注於我們對它們的感受的回應，它們的「迴響」，讓它們深入我們和滋潤我們，即使我們對它們沒有很多思想。無論怎樣，我們都要從那裏開始以它們禱告。這是下一章的主題，但即使我們在禱告時，也需要繼續聆聽。

·研究、思想和頭腦努力的地位·

上一章說了一些關於這方面的話。默想的部分工作，必須是盡可能細心地明白我們聆聽的話語；在這裏，研究可以作出有用的貢獻。有時候，我們會發覺到，我們所閱讀的經文即時且無可避免地引起我們的注意，而這必定是好事。但並非總是這樣。研究可以藉不同方式給我們幫助：我們要從寫下聖經的人類語言中挑出上帝的話語，有時需要一些努力才能夠明白它們的意義和風格;聖經每個文類都需要不同的敏銳,才能夠明白它們的神聖意圖。另一點是,上帝在一段特定經文中的話,需要連繫到祂在整本聖經中說甚麼來理解。因此,與平行經文一起思想某段經文,參照舊約或新約其他部分,往往有真正的幫助。早期教父和修士將聖經記在心裏,他們能夠運用記憶這樣做。我們可以使用經文彙編、旁註和附註、註釋和詞典。

但最終的重點,總是聆聽主想向我們說的話。或許,一個值得培養的有用習慣,是準備進行一次「速讀」,藉以得到一段經文甚至整卷書的大概意思和模樣。我們開始專注於短得多的經文時,概覽會有幫助。在這樣做時,頗快地從作者的角度留意經文的意思(它的「客觀意思」),然後思想它對我有甚麼意義(這是「主觀意思」),這麼做是有用的。分開思想這兩個問題,有助我們區分這兩種意義——這並非表示它們沒有關係,而是它們會互相干擾;而且,這樣可以在需要時,給我們做客觀工作的機會。只要我們不忘記主觀的工作是靈閱的核心,我們總是回到那裏,我們便不需要假設每段經文都充滿「對我的意義」,而靈閱只是關乎發現那意義:有時——特別是在我們閱讀舊約時——明白「客觀意義」需要我們付出遠為多的努力;不過,這可以促進個人對聖經其他部分的理解,也可以幫助我們在其他方面反思地明白自己和上帝。向聖靈開放,向我們的靈和上帝的靈開放,比任何特定方法都更重要。

·讓思想發揮作用·

我們閱讀是為了明白，最終是為了在個人層面上明白。這工作的一部分是在上帝面前明白自己。正是在這裏，「感受的回應」是重要的，它作為容許上帝觸摸我們內心的思想，並祈求我們在上面提過的內心的純潔的一種方法。我們緩慢地閱讀時，可以給我們的思想一些時間，讓它發揮作用。對此，我們需要頗為自由。我們可以讓我們的記憶和理解引導我們；我們的閱讀正是這樣進入我們的靈，並與我們的靈交往。這是那過程的核心，激起我們自己對生命的經驗，我們的回應和感受，我們對自己的知識。其中一個思想這事的方法，是想到回聲。如果我們可以聆聽聖經，以致可以捕捉它在我們經驗中的回聲，我們便可以開始聆聽那話，作為上帝對我們說的話；反過來，我們也可以發覺我們的生命在我們所閱讀的話中迴響。

我們需要讓自己的思想自由地回應聖靈的活動。開始時可能有點古怪，但卻有助我們記得，我們加入一番談話，在其中並非總是由我們帶領。如果我們緩慢地閱讀，我們可以肯定我們一直在思想的話語總是在那裏。我們可以再次回到它們那裏聆聽它們。

·一些困難·

我們可以肯定，閱讀聖經會試驗我們；我們會發覺自己不擅於閱讀；我們也不擅於聆聽。但操練會使之變得完美！不過，我們聆聽上帝，嘗試將祂的話語付諸實踐時，永遠都不應該就完美欺騙自己。我們需要有耐性，因為我們是凡人，對自己的不完美有耐性已經足夠，因為這樣上帝便可以做祂的工作。不過，我們這方面會有一些困難出現：我們可能疲倦或被某些事情佔據思想；我們可能發現自己閱讀時是多麼懶惰，或者在聆聽時多麼沒有耐性。如果我們重視成就，我們可能需要對抗想繼續、想「掌管」經文，或者任何我們以為可以採控制立場的衝動。我們可能需要面對我們智力上的自負，或者我們多變的思想。這一切都需要很多誠實、耐性和幽默。這一切都是學習聆聽上帝，和信任祂的幫助及引導的過程的一部分。

我們也可能發覺自己需要面對一個更深的困難，關乎態度的困難。如果我們要成為好的聆聽者，我們需要由懷疑的詮釋轉向信任的詮釋。也就是說，我們需要接受我們聽到的東西，考慮它揭示甚麼，而不是假設我們藉著懷疑地看待或辯解來確定我們所閱讀的真理。以歷史學家應該得到的所有尊重，我認為將聖經當為文學作品，而不是以歷史學家對待證據的距離來閱讀聖經，會更有幫助。在過去大約一個世紀，歷史批判的工具揭開了對聖經的深刻了解；但對我們來說，這些工具只是在幫助我們將聖經當為文學，當為上帝對我們說的話語來閱讀時才有幫助。上帝的意思不是要從文件中發掘出來；它是要在信心、盼望和愛中聆聽。我們必須祈求上帝加強我們這些德行；它們使我們成為好的聆聽者。

·從思想到內心·

正如供思想的經文已經顯示，我們一直嘗試做的一件事，是令那話語從我們的頭腦進入我們的內心。有些人說那是我們需要走的最長路程，東正教的禱告傳統往往談到禱告作為從思想到內心的旅程。我們可以在靈閱中找到類似的路。閱讀是一種禱告模式，以在導論描述的方式，藉著以耳朵聆聽來開始；接著我們藉著重複那些話，將它們帶到我們的嘴唇。默想成了一種咀嚼和消化！然後，隨著給我們的營養成為我們的一部分，它們便成了我們禱告的材料。但消化的內在過程帶領我們去到自己生命的中心——我們的內心。因為那是我們活著的中心，我們的靈居住的地方。上帝的靈在那裏向我們說話，我們也要在那裏學習聆聽上帝。

要找到通往我們內心的路並不容易。我們可能變得相當具防衛性，我們最不想做的事，是顯示我們的防衛性，我們往往寧願甚至不向自己承認這點。有時我們花一生的時間支持那防衛，發展出不同的機制來避免在真正受到傷害時被揭露。但我們的主想將我們從這種非人化的孤立中解救出來。如果我們開始讓上帝的話語觸摸我們，那話會幫助我們找到通往我們內心的路；那是會開啟通往內室的大門的鑰匙，在那裏我們可以被我們的天父看見。

這不是對我們閱讀的東西變得感傷：靈閱不是關乎培養某種屬靈感受。我們的內心比我們的感受更深刻。但如果我們留意我們的感受怎樣被上帝的話語觸及，通往我們內心的路有時會更容易找到。有時那話給我們盼望或喜樂的感覺：那些反應是與上帝頗為直接的接觸。有時候，我們的感受沒有那麼直接。有時候，我們缺乏感受、冷冰冰或冷漠，那正是我們需要思想，讓上帝的話語觸摸我們的事情。我們的心是透過感受和缺乏感受得到接觸。還有我們那黑暗的一面。我們可能因為憤怒、妒忌、憎恨、嫉妒、恐懼、罪疚、沮喪而喪失能力……這些方面是我們不想看或被別人看見的，更不想被觸及。但以這樣的基礎，很難在我們的靈中發現與上帝有信任和信心的深刻關係。

因此，我們發覺自己以這些方式回應上帝的話語時，永遠都不應該感到尷尬、驚訝或害怕。那是我們被遺忘、傷害和破壞的部分，是上帝尋求醫治、纏裹和恢復的。如果我們讓祂的話引導我們超越這破壞，去到彼此感受和回應的能力，以及回應上帝的能力，我們可能發覺我們最終可以放開那重擔，讓上帝更新我們的心，並正如詩人所說，在我們裏面放入新靈（詩五十一 10）。

內心超越我們的感受。如果我們可以找到上帝確實以祂的話觸摸我們的地方，我們也可以有盼望，相信祂會醫治我們受傷害或受傷的感覺；祂會令我們能夠成為有真感受的百姓，好好使用我們的情感能量。或許我們會學懂使用我們的憤怒為公義效力；或許我們會能夠慷慨地愛、饒恕，以及做所有有助令世界更新的昂貴事情。

·將默想擴展到整天·

這種默想工作不是很快便完成的。修士通常每天花數小時在靈閱上！但其中一個可能是將閱讀擴展到整天。也就是說，在早上我們可以進行閱讀和開始的祈禱反思。稍後我們可以再讀經文，容許自己有更多時間禱告和更成熟的思想。這樣做給我們機會讓思想更深層地在較長的時間消化閱讀，並在禱告時立即以我們的內心投入那擴展的思想的果子。

·旅途上的食物·

在這一章開始時，我區分了靈閱中的默想與其他默想的意義。但在結束這一章前，我們值得指出那種以與專注的禱告有連繫的詞進行的默想的價值。我們可以在迦賢努（John

Cassian）對禱告的討論（*Conferences, Conf.* 10；《會談錄》，〈論禱告〉）和《未知之雲》中，找到早期提到這種默想的資料。對某些人——特別是那些生活頗為忙亂和壓力頗大的人——來說，這可以是十分有用的練習，特別是在開始用聖經來默想的時候，單單用來放鬆我們用來面對世界的複雜防衛系統，預備好容許那話帶領我們向內。更一般地，能夠將一個詞或詞組從靈閱的時間帶走，並不停回到它那裏，在日間重複它，是一件好事。這樣我們可以提醒自己，上帝在整天都與我們同在，我們可以繼續我們在聆聽祂在聖經中的話時開始與祂進行的交談。

•

新生命從裏面生長，靈閱中這個默想的過程是新生命的源頭。人類的靈的疾病是它長期專注於自己。但禱告是完全不同的。無論我們向內走多遠，那都是透過那內在向外與上帝和上帝裏面的一切接觸。那就是從默想到禱告的轉折的重點，現在我們必須轉向它。

第三章：以聖言禱告

如果我們以聖經的話語默想，教導我們在其中認出上帝向我們說的話，我們要做的最自然的事情，便是回答它。這回應是禱告的行動，我們由上帝向我們說的話推動，與上帝展開談話。如果我們聽到聖經向我們親自說話，我們的回應必須與我們對一本書的回應不同：對書本，我們的思想仍然會是我們自己的東西；但以靈閱的方式來閱讀的聖經，卻吸引我們在禱告中超越自己。

我認為，關於我們的禱告，靈閱帶來兩方面的焦點。我們學習禱告，既是回應上帝的話，也是恩賜。作為對上帝的話的回應，禱告是與上帝長達一生的談話的一部分。我們好像這樣回應聖經時，我們的禱告幫助我們，在我們日常生活的每部分，發覺上帝向我們說話。但由於我們往往發覺自己以我們接受了的聖經話語來回應，我們明白我們的禱告，是由上帝賜給我們，是一份我們用來回應祂的恩賜。我們可以有這發現，因為我們發覺自己使用那些話作為簡單的禱告，或者因為我們知道它怎樣引發和啟發我們的禱告。同時，在一個基本的層面，聖經教導我們一種用來禱告的語言和語法；它給我們上帝自己用來向我們說話的人類語言。那是上帝的恩賜，聖靈的恩賜，我們透過靈閱在自己的內心發現，在我們裏面禱告，吸引我們的心歸向上帝。

語言是人類創造力中最神奇的大道，因為它創造人與人之間的關係；它使人走在一起。它容許我表達自己，它也容許我獻出自己，與別人溝通。實際上，我們的很多語言其實只是製造噪音，好像晚間向霧中的船隻發出的警號，但當語言正確地傳遞信息時，卻很可能比任何事物都更了不起和美好。禱告是與上帝發現這種關係，而靈閱邀請我們讓上帝在禱告中成為我們的老師。當我們發現與上帝有緊密的關係地生活是怎樣時，便能夠加深我們與別人的關係。上帝使用語言的方法，有助淨化我們語言的資源、我們溝通和團契的能力。

我們使用語言的方式，反映我們與別人交往的不同方法。我們都承認（或許是懷著震驚）上學改變了我們的孩子使用語言的方式。那個詞來自哪裏？同樣，我們這些尋求與上帝保持接觸的人，從祂向我們說的話中，選了一些用來描述事物和看待事物，也是自然不過的。我們不能從別人學習。這並不是說，禱告不是從我們而出，或者與上帝的談話變得虛飾，使用我們感到不自在的詞語。靈閱是一種讓上帝的話模塑和改變我們的方式；如果禱告源自閱讀和默想，它正是對我們接受的話語的回應，那話語到了我們內心，對它我們只能夠說「阿們」。

我們的禱告一個根深柢固的問題，是我們持續感到自己不可愛。我們想隱藏。我們禱告時不能避開上帝；因此我們避開禱告。但上帝並不視我們為不可愛，在靈閱中明白上帝主動向我們說話，是因為祂愛我們，這只能夠不斷成為鼓勵的來源。在這樣做時，上帝給我們話語，教導我們不同地看自己；祂邀請我們與祂好像朋友那樣展開談話。我們以祂的話語禱告，並發現那是在我們心裏說出的話。那成了我們的話。我們聆聽祂的話語時，祂邀請我們做的一件事，是嘗試發現和配合在我們心的內室祕密地進行的禱告。往往是在默想聖經，讓它與我們的靈共鳴時，那話會觸及我們，帶領我們到內心，在那裏有上帝棲居，那內心在禱告的靈中更新我們。

因此，對上帝的話語所作的回應禱告，是學習禱告是與上帝建立關係的好方式，而這是建基於上帝對我們的愛。我認為以上帝透過我們的讀經賜給我們的話語來禱告是好的。不是因為祂需要我們以特定的話或特定的語言風格向祂說話。無論如何，上帝沒有用來聆聽說話的耳朵；祂在我們內心聆聽我們，甚至在我們以言語表達任何事情之前。但我們需要語言表達我們自己，而上帝為我們而使用語言，幫助我們進入祂尋找我們的關係。

我們不能自行禱告：古代的教父明白人類的靈的基本疾病，是我們的自我專注。上帝的話藉著進入我們真正的自我，我們的內心，並令我們的生命可以在裏面、從中心更新，從而醫治我們。禱告是這生命更新的標記；它是聖靈的恩賜，上帝的話釋放進我們心裏。我們屬靈疾病的一個標記，是我們失去渴望的能力。當然，我們很容易令自己相信有上千件事情是我們渴望的：但它們實際上只是真正渴望的代替品；它們只是欲望，我們很容易相信這些欲望是我們真正需要的。我們失去了渴望的真正能力，因為我們失去了我們不是為了自己而受造，乃是為了上帝而受造的察覺，而只有上帝能夠滿足我們的本性，我們渴望的最深部分。祂是我們渴望的喜樂。因此，禱告的恩賜在我們恢復對上帝的渴望中揭示出來，這是最重要的。我認為靈閱的禱告的特點只是：我們以上帝的話為樂，並想望祂；我們感到自己的貧乏、軟弱或需要，想得到祂的醫治、引導或力量。

無論是代求或為自己祈求，靈閱在學習為事情禱告方面，也是很大的幫助。這是因為上帝自己在我們閱讀和默想時，教導我們祂看事物的方法；我們學習從上帝的角度看事物時，便學習上帝的希望，並開始感受到祂的渴望和目的的大圖畫。這樣，上帝便能夠教導我們想望和以前不同的事物，根據祂的旨意，以不同的方式渴望。我們的觀點改變，我們開始採納祂的視角。靈閱幫助我們發現我們真正朝向上帝的取向，我們的存在對祂愛的話語的倚賴。

渴望是禱告的本質，正如奧古斯丁（Augustine）指出，禱告的渴望本身就是禱告。在靈閱的背景下，禱告是實現那渴望，表達那渴望的機會。因此，我們對聖經的閱讀和默想，幫助我們在將我們的靈向上帝接觸時，發現上帝自己是我們的老師。那話語是祂以自己的呼氣說出，是給我們氣息表達我們的渴望的話語。這是上帝開始了漫長、耐心但美麗的工作，將我們改變成祂兒子的形像的標記。

•

這一章探討我們的禱告可以怎樣在靈閱中被模塑，回應耐心地聆聽上帝的話。這一章比上一章短，因為我們要做的事情少得多，我們需要讓上帝教導我們，怎樣以我們自己的禱告回應祂。這一章始於思想耶穌在馬太福音對禱告所說的話，以及其他福音書一些類似的經文。這些經文邀請我們思想人的面向，是我們可以在裏面發展禱告的，而且最重要的，是思想內心作為禱告最有利的地方。接著，我們會轉向禱告作為恩賜，作為聖靈在我們心裏的工作這個觀念。我認為，我們開始發現禱告不是我們所做的一些事情，而是一些賜予我們的事情時，我們便會清楚看到聖經怎樣開始上帝與我們自己的相遇，而這是靈閱的動力的中心，吸引我們超越我們閱讀和默想的經文，充滿愛地察覺上帝自己，我們對祂的崇拜和將自己獻給祂。

一個隱密的地方

馬太福音六章5至6節

[5]「你們禱告的時候，不可像那假冒為善的人，愛站在會堂
裏和十字路口上禱告，故意叫人看見。我實在告訴你們，
他們已經得了他們的賞賜。[6]你禱告的時候，要進你的內
屋，關上門，禱告你在暗中的父；你父在暗中察看，必然報
答你。」

對這段經文的一個古老的理解，視「內屋」為心的比喻。我們應該明白，心不單是我們感情的所在，我們情感的中心，而是更深刻的：它是我們個人的中心。對最早期的修士來說，這是我們被上帝看見的隱密處，雖然祂自己是不可見的。這是我們找到禱告的地方的所在。

在這個深層次的聆聽工作，可以顯露很多阻礙我們聆聽的事情，但如果有耐性，我們便能夠接近我們的心。我們已經嘗試說一些關於這點的話。我們的情感以不同的方式帶我們沿著這條路走到我們的心。那條路是禱告的

路，但深刻禱告的地方在它以外。要進入內屋，我們需要將我們「感受的回應」配合我們閱讀的東西，並細心聆聽自己。這可能需要一些時間才能夠習慣，但漸漸地（我是用高度比喻的方式來說）我們可以學習在我們和感受之間找到空間。我們有感受；但我們並不等同那些感受。這份察覺幫助我們辨別我們「感受的回應」是來自上帝還是來自自己。我們在「實行聖言」那一章，會說更多關於辨別的事情。那樣便會是關乎過基督徒生活。但這個過程已經是邀請來自我們內心的禱告，超越我們的感受，潔淨我們嘗試禱告的意圖。

這段經文是討論三件公義的事情的一部分，那三件事情是禱告、禁食和施捨，耶穌將正直和虛偽作為兩種生活方式的對比，一種是我們的行動植根於我們存有的深處，我們對上帝的真誠；另外一種的行事動機是做表面的工夫，引人注意。禱告促進潔淨的過程，單單藉著將我們置於上帝充滿憐憫的同在，令我們停留在那裏。習慣不要逃走，而是讓上帝看見，促進前一章談及的透明（關於內心的純潔）。

我們很可能驚覺自己持續習慣偽裝、自欺，耶穌稱之為「虛偽」。在耶穌談話的背景，祂指出我們為宗教表現著迷。但這種著迷不只是我們對自己的形像感到驕傲，「要讓別人看見」。它更去到我們怎樣看自己。它模糊了我們向上帝的透明，我們讓自己被祂看見的能力，讓自己反映祂的形像的能力，而我們都是按著祂的形像受造的。

主啊，請教導我們禱告

馬太福音六章7至15節

7「你們禱告，不可像外邦人，用許多重複話，他們以為話
多了必蒙垂聽。8你們不可效法他們；因為你們沒有祈求
以先，你們所需用的，你們的父早已知道了。9所以，你們
禱告要這樣說：我們在天上的父：願人都尊你的名為聖。
10願你的國降臨；願你的旨意行在地上，如同行在天上。
11我們日用的飲食，今日賜給我們。12免我們的債，如同
我們免了人的債。13不叫我們遇見試探；救我們脫離兇
惡。因為國度、權柄、榮耀，全是你的，直到永遠。阿們！
14你們饒恕人的過犯，你們的天父也必饒恕你們的過犯；
15你們不饒恕人的過犯，你們的天父也必不饒恕你們的
過犯。」

福音書裏有兩個主禱文版本，分別在馬太和路加福音

出現。馬太的版本較為著名，因為它在多個世紀以來的基督教禮儀中使用。兩個版本都是耶穌關於怎樣禱告的教導的一部分。馬太將它包括在祕密地做事情的教導中。路加那個頗短的版本（路十一 1~4）是在回應門徒要求教導禱告時直接提出的。

在路加福音，門徒曾經要求耶穌教導他們禱告，就好像施洗約翰教導他的門徒禱告那樣。耶穌沒有這樣做，令他們感到困惑。他們需要提出要求，或許會令我們感到驚訝，特別是我們明顯在福音書看到，耶穌花很多時間向天父禱告。

毫無疑問，從這個反應可以學到很多東西。我認為最重要的是，我們可以學到，對耶穌來說，禱告是很自然的事情，是祂與天父的關係之間很自然的表達，所以是不需要教導的。在重要的意義上，它不是可以教導的東西，就好像我們教導人們不同的技巧一樣。它不是技巧，而是與上帝一起，或者朝上帝存在的一種方式。禱告其中一個最真實的教訓，由關於一位只坐在教堂後面的老人的故事提供，那老人解釋說：「我看著上帝，上帝也看著我。」

另一方面，耶穌確實在門徒提出要求，在他們表達需要和渴望禱告後，教導門徒怎樣禱告；而他們到耶穌跟前要求指導，顯示在個人完全進入與上帝的關係中，耶穌是主要的。同樣，在我們承認我們的需要，而且不單這樣，更承認我們渴望禱告時，耶穌也會教導我們禱告。但基督徒禱告源自一種好像我們的主與祂的門徒之間的關係那樣，在這種關係中，耶穌開始將我們轉向上帝。耶穌令我們與天父上帝可能有的關係是基本的。禱告不是技巧；它沒有產生關係，而是見證那關係。

在馬太福音的版本中，耶穌介紹主禱文時，加上對「用許多重複話」的警告，原因是顯而易見的。正如虛偽一樣，這種表演扼殺個人與上帝建立關係的可能性。而且，耶穌教導我們，禱告只能夠建基於朋友之間那種信任。我們不需要以為我們需要將事情通知上帝。禱告見證一種互相認識的感覺，一種認識和被認識的感覺。

這帶來一種怎樣的禱告？在主禱文中，我們看到耶穌心目中想到的事情的一種模範。傳統來說，對主禱文的評註將它分為兩部分。第一部分以上帝為焦點，第二部分以我們為焦點。這是正確的。禱告源自先意識到上帝，然後才在代求和痛悔中向祂開放自己。

這與我們在靈閱中學到的完全一致。我們表達自己的需要，必須植根於禱告作為回應上帝的感覺。上帝的真實比我們對自己的意識重要得多。事實上，對上帝真實的感覺可以為我們打開對自己，以及對自己的需要更真實的感覺，這些感覺和我們通常留意的十分不同。最重要的，是它可以令我們對上帝的憐憫有信心和盼望，以致我們可以將我們的罪帶到祂面前，得到醫治和赦免，並從上帝對我們的信任學習怎樣信任別人，以致可以尋求饒恕那些虧欠我們的人。這就是馬太總結對主禱文的評註背後的方法。

在禱告中謙卑

悔改的態度對得赦免的重要性，廣為人知地是法利賽人和稅吏的比喻的主題。

路加福音十八章9至14節

9耶穌向那些仗著自己是義人，藐視別人的，設一個比喻，
10說：「有兩個人上殿裏去禱告：一個是法利賽人，一個是
稅吏。11法利賽人站著，自言自語地禱告說：『上帝啊，我
感謝你，我不像別人勒索、不義、姦淫，也不像這個稅吏。
12我一個禮拜禁食兩次，凡我所得的，都捐上十分之一。』
13那稅吏遠遠地站著，連舉目望天也不敢，只捶著胸說：
『上帝啊，開恩可憐我這個罪人！』14我告訴你們，這人回
家去比那人倒算為義了；因為，凡自高的，必降為卑；自卑
的，必升為高。」

法利賽人「自言自語地」禱告；他太專注於自己，以致不能轉向任何人。稅吏遠遠站著，幾乎不能看著上帝的方向。但他是誠實的；而且不單這樣，他沒有對上帝的憐憫感到絕望。他是回到家裏時得稱為義，蒙上帝垂聽的人。

靈閱教導我們不要那麼專注於自己，而是從一個不同的地方——從我們的需要而不是我們的希望，而且首先是我們對上帝憐憫的需要——開始禱告。我們藉著將自己放在上帝面前，無論我們感到自己離祂多遠，找到那個地方。藉著將我們的聆聽轉向聖經和禱告，我們學習這樣更真誠地禱告。我們可以學習我們有自己從不明白的需要和渴望，是遠遠比我們的希望更深的。

提出要求

禱告絕對是站在上帝面前，承認祂是上帝，我們是需要祂憐憫的百姓，好像稅吏一樣。但這並非表示我們不能提出要求。有兩段經文是耶穌確實這樣談及禱告。

馬太福音七章7至11節

7「你們祈求，就給你們；尋找，就尋見；叩門，就給你們

開門。8因為凡祈求的，就得著；尋找的，就尋見；叩門
的，就給他開門。9你們中間誰有兒子求餅，反給他石頭
呢？10求魚，反給他蛇呢？11你們雖然不好，尚且知道拿
好東西給兒女，何況你們在天上的父，豈不更把好東西
給求他的人嗎？」

路加福音十一章5至13節

5耶穌又說：「你們中間誰有一個朋友半夜到他那裏去說：
『朋友！請借給我三個餅；6因為我有一個朋友行路，來
到我這裏，我沒有甚麼給他擺上。』7那人在裏面回答說：
『不要攪擾我，門已經關閉，孩子們也同我在牀上了，我
不能起來給你。』8我告訴你們，雖不因他是朋友起來給
他，但因他情詞迫切地直求，就必起來照他所需用的給
他。9我又告訴你們，你們祈求，就給你們；尋找，就尋見；
叩門，就給你們開門。10因為，凡祈求的，就得著；尋找的，
就尋見；叩門的，就給他開門。11你們中間作父親的，誰有
兒子求餅，反給他石頭呢？求魚，反拿蛇當魚給他呢？12求
雞蛋，反給他蠍子呢？13你們雖然不好，尚且知道拿好東
西給兒女；何況天父，豈不更將聖靈給求他的人嗎？」

這兩段經文顯然是平行的。它們顯示兩種品質在禱

告中的重要性，那就是需要真誠和誠實與需要堅持。但有誰不需要忍受未蒙應允的禱告，祈求而得不到，對信心帶來的挑戰？正如在耶穌的其他教導那樣，耶穌使用悖論來刺激我們在禱告中與上帝交往。即使我們接受，有時我們自私地提出要求，沒有因為得不到要求的東西而真誠地感到震驚，但我們往往不是要求石頭或蠍子，但卻得不到餅和魚，無論是自己或我們為之祈求的人。

因此，默想這段經文的出發點，可以是我們禱告的祈求經驗中的反面例子。如果這樣，我們很可能記起那些憤怒和失望，我們那需要或憐憫的感覺，但從中祈求卻無效。因此，耶穌的話挑戰我們與祂分享我們的挫敗或任何其他事情。很可能我們在禱告中沒有面對這種事情：大部分人避免對上帝憤怒；但卻將哀傷和痛苦埋藏起來，內心變得冰冷了一點。

這對我們是不好的，對禱告也不好。這種經驗是任何尋求上帝的人都需要處理的，而且要在禱告中與上帝處理。但那是惟一我們能夠學會——或許經過一段很長的時間——上帝的方法總是愛的方法，而祂的恩賜即使不是我們會選擇的，但總是好的恩賜。只有在禱告的掙扎中，我們才學會，苦難和悲劇在我們救贖的奧祕中的地位，開始與耶穌一起念出祂的客西馬尼禱告：不要順從我的意思，而是願祢的旨意成就。這是最重要的。只有「在天上的父」可以教導我們，在明白甚麼是真正的好，或是在這個世界的事物與上帝應許的榮耀相比完全沒有價值方面，我們還未入門。

路加對這教導的擴展發展出兩個主題：死纏爛打的朋友說明在禱告中需要堅持；而路加解釋一個事實：上帝在回應禱告時賜下美好的恩賜，而最好的是聖靈的恩賜。將禱告描述為令人煩厭，而將上帝描述為一個會被煩擾的人（甚至是朋友），這有一點幽默的意味。我們在多大程度上好像這樣視上帝為理所當然的？我們對上帝有多專注？我們在多大程度上讓上帝教導我們，祂與我們對祂的想法是多麼不同？至於另一點，我們多願意清點自己的渴望，認真看待它們，或者我們內心的不潔？我們會怎樣讓上帝教導我們怎樣有正確的渴望？我們是否預備好接受祂在回應我們禱告時想給我們的東西？或者使用聖靈的恩賜來按祂的心意祈求？

禱告是追求討上帝喜悅的事情（「你們要先求……」）；上帝想在回應我們禱告時賜我們東西；但我們需要學習祂的旨意是甚麼。我們可以藉著聆聽祂的安靜這樣做。我們可以開始學習那似乎是不蒙應允的禱告的安靜，是上帝用來應允我們的禱告的方式，或那方式的一部分。我會在結論時就此多提出幾點評論。

禱告的恩賜

上面路加福音那段經文的最後一節提醒我們，真正的禱告不是我們從自己的資源而做的事情。真正對禱告的回應是聖靈的恩賜，祂教導我們正確地禱告。在羅馬書五章5節，保羅告訴我們，耶穌將聖靈傾進我們心中，這是我們一切盼望的保證。更重要的，是聖靈幫助我們禱告。

羅馬書八章26至27節

26況且我們的軟弱有聖靈幫助，我們本不曉得當怎樣禱
告，只是聖靈親自用說不出來的歎息替我們禱告。27鑒察
人心的，曉得聖靈的意思，因為聖靈照著上帝的旨意替聖
徒祈求。

這段經文應該給我們保證。我們當然是軟弱的，我們當然會害怕和不肯定。但聖靈在我們內心工作，按上帝的喜悅有意願和工作（腓二 13）。如果我們在靈閱中向聖靈開放，懷著信、望、愛真誠地行動，我們必須相信上帝會與我們同在。聖靈為我們禱告，並給我們幫助。在真實的意義上，我們可以放心交託聖靈。

聖靈自己是禱告的靈，祂探求上帝的心意：幫助我們明白上帝怎樣不斷給我們祂的恩賜——祈求上帝想賜給我們的東西。聖靈引導我們在禱告中尋求祂的旨意，並準備好說：「不是我的意思，願祢的旨意成就。」

在我們心裏發現禱告是聖靈的恩賜，是已經開始在默觀中發現靈閱的喜樂。那是明白一個事實：禱告使我們與上帝聯合，在聖靈裏我們分享三位一體的生命。這是我們會在最後一章「靠聖言而活」中研究的。

兩種禱告的方式

在結束我們對福音書教導我們禱告作為回應上帝的話的地位時，我們應該思想馬大和馬利亞的故事。

路加福音十章38至42節

38他們走路的時候，耶穌進了一個村莊。有一個女人，名叫
馬大，接他到自己家裏。39她有一個妹子，名叫馬利亞，在
耶穌腳前坐著聽他的道。40馬大伺候的事多，心裏忙亂，
就進前來，說：「主啊，我的妹子留下我一個人伺候，你不
在意嗎？請吩咐她來幫助我。」41耶穌回答說：「馬大！馬
大！你為許多的事思慮煩擾，42但是不可少的只有一件；馬

利亞已經選擇那上好的福分，是不能奪去的。」

多個世紀以來，人們都從多個角度考慮這兩姊妹的故事。每一個角度都示範一種禱告的方法。馬大活躍和忙碌，以迫切、雖然是自私的要求禱告。馬利亞只是坐在主腳前，聆聽耶穌說話。正如兩姊妹在我們的生命中都應該有地位：積極的生活；和安靜、更反思的生活，單單獻身於上帝。因此，在禱告中祈求事物和只是在主腳前聆聽都是容許的。某程度上，耶穌喜歡馬利亞的禱告多於馬大的禱告，但只是因為我們的禱告往往表達我們的憂慮和煩躁，多於我們對上帝充滿愛的注意。但在實踐上，或許只是從我們的沮喪中禱告，我們才能夠讓耶穌溫柔地吸引我們更有耐性地聆聽和更簡單地禱告。兩姊妹都有東西教導我們：藉著與馬利亞坐在一起聆聽耶穌，我們能夠好像馬大一樣忠心地服事主。這帶我們進入靈閱的最後階段：默觀，並超越它，進到我們怎樣將聖言付諸實踐。

實踐部分

靈閱的整個重點是在聖經中發現上帝向我們説話。重要的事情是學習聆聽和回應。禱告是我們聆聽和開始回應的方式。從某個意義來說，我不認為對怎樣禱告還可以說得太多，只要我們開始聆聽，而且在回應中誠實和有勇氣。

正如我在這一章的主要部分嘗試解釋那樣，我們可以被我們的閱讀和默想推動而提出要求，我們也不應該害怕這樣做，或者嘗試用我們自己的話，表達我們對上帝的話的回應。我確實認為，真誠是我們在禱告中所需要的：我認識的一個人說他告訴上帝自己感到多麼沉悶時，才第一次真正禱告！上帝再沒有令他感到沉悶！

與上帝展開談話，讓祂的話使我們與祂建立有信心和真誠的關係是好的。這樣也有助將那話語更深地帶進我們的內心，令我們更認識自己作為上帝對其說話的百姓，而祂是愛我們的天父。因此，無論我們的要求多麼愚蠢，如果我們在思想上帝的話時在心裏聆聽聖靈，我們便會在禱告中成長，因為我們會讓聖靈在我們裏面禱告。那是我們惟一學會怎樣按基督的心意禱告的方法。

有一件事情是必須說的。每當我們發覺自己轉向上帝時，便必須預備好停止閱讀，並在適當時候繼續。如果我們對閱讀上了癮，停止可能是困難的。這實際上是我們在默想時提過的。或許我們需要留心的，是要記得我們的閱讀實際上是聆聽，是我們應該加入的談話的一方面。我們的閱讀應該不單令我們思想；我們嘗試聆聽上帝，不應該害怕轉向祂。

在這一章的主要部分，我們稍稍談過閱讀和默想幫助我們找到禱告在我們心中的位置。禱告是關乎進入那地方，在上帝的同在中找到我們，而不是匆匆離開。一旦到了那裏，我們便可以用語言表達事情，或者只是安靜下來。我們可以記得聖靈幫助我們配合上帝的話，在我們裏面禱告，與我們一起禱告，並為我們禱告。這是禱告的恩賜。

或許關於禱告應該補充一些話。如果我們學習在禱告中聆聽，我們會發覺自己花了很多時間聆聽靜默。安提阿的依格那丢（Ignatius of Antioch）說上帝藉著靜默說話。祂這樣做是因為那種空間是我們的心需要被上帝觸摸和改變的。人類之間的溝通以語言發生，因為那是我們在物質世界中彼此交往的方法。我們思想我們怎樣與上帝交往時，那不是同一方式的單對單。祂是我們的創造主，我們存在是因為祂繼續呼召我們存在。那不是語言，而是存在的關係。我認為祂藉著我們怎樣在祂裏面找到我們的生命和存有，加入我們的禱告，並回應我們的禱告。那幫助我們加深我們對那內在性和對祂的倚靠的靜默，在其中我們對祂的恩典愈來愈開放，是比任何話語都更有力地說話的靜默。另一方面，我們是語言的動物，我們在需要時使用語言向上帝說話是對的，祂也在聖經中將祂的話語賜給我們，推動我們在禱告中回應祂。但最終，惟一重要的是我們的信心、我們的盼望和我們的愛。

如果我們以我們描述的默想方式閱讀，聆聽上帝的話，我們可能發覺我們是在禱告而不是閱讀。如果我們對此不熟悉，我們可能發覺那是頗為奇怪的情況；我們很難分辨我們懷著禱告的閱讀和我們對自己的閱讀那禱告的回應。但這並不要緊。如果我們的禱告似乎很難形成言語或清晰的觀念，也不要緊。聖靈鑒察人心，無論怎樣，我們都不知道應該怎樣禱告。只要記得上帝與我們相近，在親密的朋友之間，很多事情都是不言而喻的。或許最好的禱告是單單想望上帝。它有助將我們的一切希望放在恰當的視角中——令我們明白自己其實多麼有需要。

在靈閱結束時，作出感恩的禱告，並為在閱讀時想到別人或我們的需要，特別是為我們在那天餘下的日子在上帝話語的亮光中生活而作出特定的禱告是好的。

•

一個最後的思想：禱告和我們的聆聽和閱讀並行；它幫助我們更深地接受那些話。閱讀並不沿著直線從一種運作走到下一種；它圍繞這些不同元素旋轉，既向上，又向下。它向下帶領我們更深入自己，深入自己的心，聖經稱為隱密處。它向上吸引我們更深地察覺上帝，或許這個過程更好是留待下一章，我們考慮默觀作為驚歎的過程的一部分時討論。

第四章：因聖言驚歎

用我們在上一章思想的意思來看禱告，它只是我們回應上帝的開始。我們回應的一個重要部分，是我們做一些事情，將聖言付諸實踐。這是這一章的主題。在這一章，我想考慮禱告一個進一步的行動，傳統上與靈閱連繫起來，在其中內心在愛和崇拜中，或者以任何經文向我們的內心說話的方式，從禱告的話轉向上帝自己，讓我們單單停留在祂的同在中，讓祂存在。如果聖經推動我們在禱告中轉向上帝，上帝比任何祂在我們閱讀中要向我們說的話，或我們要向祂說的話更吸引人，我們也不應該感到奇怪。這個愛慕和降服的行動，無論有沒有言語，都是傳統靈閱的四個過程中最後一個行動。

在中世紀，這最後一個階段稱為默觀，但我認為這個詞現在要不是告訴人們太少東西，就是告訴他們太多！它已經成了包含很多意思的詞語，用來指最高和最特別的神祕超升。相反，現在「默觀禱告」這個詞往往用來指任何深刻、安靜禱告的狀態（令人混亂地也稱為「默想禱告」）；它指一種心理狀態，不一定是對上帝的回應。這一章不是介紹這兩種意思的默觀。關於神契禱告的書籍會處理這個問題。但其中也有連繫，我也肯定基督教神契傳統的作者會認為，這種禱告理所當然地是我們對上帝的回應的開始，祂在聖經中向我們說話，並邀請我們進入信仰更深的奧祕，這種奧祕在耶穌基督裏顯明和到達高峯。

事實上，這裏需要說的話比較簡單和實在。聆聽說話的人而不是說話，明白我們的注意力投向他，並停留在他身上，是世上最明顯的事情。一旦我們開始聆聽上帝的話，將我們的心傾向它，我們最終是留意上帝而不是那些話。如果我們讓那話觸動我們，我們是應邀察覺一個事實：我們不單受那些話影響。在思想上帝的話對我們說甚麼，並以那些話禱告時，我們開始明白上帝多麼親近地進入我們的生命，我們的生命多麼親密地包藏在祂的生命中。我們能夠在禱告中發現我們對上帝的渴望，我們需要祂的愛和憐憫；祂的話在我們心中找到呼應，我們的靈與上帝傾在我們心裏的靈迴響。所謂默觀只是我們發現和感恩地欣賞一個事實：我們找到我們靈魂在尋找的祂；我們找到我們內心的渴望。

在嘗試從事這個以禱告回應上帝的話語的最後一刻時，我想從一個稍為不同的角度考慮事情，因為我認為在實踐中，我們以聖經禱告確實將我們從經文帶到更大的東西，但我們並非總是感到可以用好像「默觀」這樣有說明作用的詞來抬高它的身分。我們可能感到那是有困難和不確定的狀況。我倒想使用「驚歎」這個詞。驚歎可以包括一系列反應。當然，它可以表示仰慕的感覺，甚至是被帶離自己，可以比作高度察覺的宗教感覺，傳統稱為「默觀」。那是我們對美的自然回應，而且不單這樣，那是激起和表達我們的愛的態度。因此，它不單是被動的狀態，而是引出我們自己的恩賜。但它也可以指更迷惑的精神狀態：「我想……如果……」等等。驚歎可以代表一種理解的狀態：在為問題尋找答案結束時，我可以因為那答案的美而驚歎，或者為自己之前愚笨得看不見而驚歎。那可以好像安坐下來享受已經解決的填字遊戲。驚歎也可以是看到我對某些東西的經驗超過我理解它的能力。驚歎可以是追尋的一部分或者它的結束，它可以是喜悅的狀態或更難接受的事情。用伯羅斯（Ruth Burrows）在不同背景下（在她的《神契禱告的指引》〔*Guidelines for Mystical Prayer*〕中）使用的區分，它可以是「開燈」或「關燈」。

我認為，所有這些驚歎的共通點，是它們要求接受和降服，而不是分析和思想。理解在這裏是看見多於思想——雖然可能有含義要思想。但驚歎的一刻，本身是洞見或發現的一刻，或者通往洞見或發現的關鍵階段。重要的事情是需要開放，樂意被經驗改變。這開放容許自我那些更深的資源，靈的面向，進入行動中。驚歎令我們向上帝的發現開放自己。

我認為，我們活在其中的世界沒有給我們恰當的機會，來發展我們驚歎的能力，令我們的信仰生命變得更貧乏。而且，我們不喜歡黑暗，和比較黑暗的那種驚歎，我們對上帝的迷惑，我們迷失的感覺，是一些心靈的狀態，是我們需要時間學習視之為我們旅程的重要部分。我們以信心而不是眼見來走我們的旅程。靈閱在這裏可以給我們幫助。聖經的世界以它光明和黑暗的地方，教導我們看我們自己的世界，有高也有低，是一個邀請我們走與我們在聖經中讀到的旅程相似的信心旅程。它只能夠鼓勵我們，我們在聖經中讀到上帝怎樣繼續呼召所有事物在祂裏面找到滿足，雖然有推諉和罪，雖然人永遠都看不見那盼望在他們生命中實現。希伯來書十一章是作者這樣閱讀那故事的一個例子。

因此，靈閱有助教育我們對生命的看法，看到靈的不同季節在其中的地位，過冬和損失的時候，以及新生命和多結果子的時候。它幫助我們找到朝向上帝的正確方向，我喜歡稱之為我們的「向上帝性」。這就是我認為可以理解那種比較黑暗的驚訝的方法。它們是需要耐心的地方，等待我們自己永遠不能提供，但卻會給我們的解決的地方。它們可能是一些時間，在其中我們的信心、盼望和愛受到嚴格考驗，我們感到自己再沒有力量，需要學習接受只有上帝能夠賜下的東西。「向上帝性」這個詞對我來說指向一個方向，雖然我們實際上不能找出我們在尋找甚麼。如果你想看見翠鳥，你需要做的是到有人見過牠，牠可能會出現的地方。最終，我們不是徒然等候。

對我們的向上帝性醒覺過來，容許我們發現驚歎最終是正面的事情。無論那是「開燈」還是「關燈」的經驗，都令我們得到一種心理狀態，令我們能夠在萬物中找到上帝，在上帝中找到萬物；最終，它幫助我們在上帝的形像中找到自己。

聖經教導我們找出在上帝拯救人類的偉大設計，和人感到需要上帝這不偉大但卻很人性的方法之間的對話時，在萬物中找到上帝。我們學習上帝在歷史和人類生命的本質中怎樣工作，呼召人們到祂自己那裏。它們幫助我們在人類危機或需要的情況下，上帝似乎缺席時，更有盼望（因而更正面）地與我們的焦慮或我們的憤怒連繫。因為它們顯示上帝從沒有從我們的苦難缺席。靈閱教導我們，在我們世界十分世俗的環境中找到上帝，以及我們與上帝的關係必須怎樣十分具體地發展。信心就是關乎這些事，而聖經的信心故事就是我們不斷的指引。

但在萬物中找到上帝，只是在上帝中找到萬物，並明白祂是那終極的現實，我們藉著祂，透過祂，並在祂裏面分享存在的反面。我們不是故事的中心。我們從發現自己按上帝的形像受造中學懂這點。我們只反映榮耀；生命的驚歎和人類的成就是來自上帝的恩賜，它帶有服事的責任。這是我們讓那話語將我們帶到自己，揭露我們對上帝的真正需要，在我們裏面創造一個新心，渴慕惟一能夠滿足那心的那一位時，在靈閱中得到的最好知識。

因此，驚歎幫助我們在自己以外，在與別人和上帝的關係中找到那中心。這個去中心的過程，對我們的屬靈成熟是十分重要的。但它是要求十分高的過程，與很多世俗的潮流背道而馳。它一定會令我們驚歎，我們必須預期它對我們的觀點和我們最平凡的委身有重要的影響。它必須改變我們的生命。那就是與這本書最後一章「靠聖言而活」的連繫。

在以下的經文，我們值得探討新約怎樣處理驚歎。或許我們可以與其中一些有所感通。簡單來說，我們會看人們怎樣回應耶穌的教導，以及祂醫治的神蹟。我們應該留意驚歎的經驗怎樣不總是歡迎或信心的回應。它也引起反對和譴責。有些故事提出驚歎怎樣與相關的感情連繫，例如好奇或恐懼，以及它們怎樣可以成為通往信心的路。最後，我們需要記得，十字架的奧祕和主的復活這個最偉大的神蹟教導我們，驚歎在某方面是基督教信仰的基礎，以及崇拜的先決條件。

驚歎的感覺

對驚歎的最明顯的記述，是人們對耶穌的教導的感受。我們已經指出人們感到耶穌有權柄。這個人們感受到的回應，「衝擊」的感覺，是重要的：它令他們對上帝有經驗，是超過祂的教導那些實際的話，也是耶穌想他們發現的。人們感到的高興和盼望的釋放，本身是耶穌到來開展的國度的經驗。即使回應是以問題來表達：「這是甚麼新教導？」，它也已經是信心的回應，雖然仍未宣告，但卻是源自他們感到耶穌處理的盼望。那是我們自己在聆聽耶穌的教導時需要花時間留意的。

耶穌這樣談及這種回應；祂跟進門徒關於祂的比喻提出的問題：

馬太福音十三章10至11節、16至17節

10門徒進前來，問耶穌說：「對眾人講話，為甚麼用比喻
呢？」11耶穌回答說：「因為天國的奧祕只叫你們知道，不
叫他們知道。……16但你們的眼睛是有福的，因為看見了；
你們的耳朵也是有福的，因為聽見了。17我實在告訴你們，
從前有許多先知和義人要看你們所看的，卻沒有看見，要
聽你們所聽的，卻沒有聽見。」

驚歎由我們對耶穌的故事和整個救恩故事中上帝的意思的理解推動。這些故事圍繞耶穌發生，從舊約中最初約略提到它的應許，到在末時的故事中，上帝怎樣作成我們的拯救。它是建基於一份盼望的感覺，是我們的讀經應該培養的。

在我們自己的生命和時代，並非總能夠十分清楚地看到那幅圖畫。所以我們往往發覺自己活在半陰影的地區。但例如：如果我們可以學懂對福音書中的好消息驚歎，並留意上帝怎樣在舊約較長的時間中工作，便可以同時找到對現時的洞見之點。

耶穌稱這些時刻為祝福的時刻。這些是我們明白上帝向我們微笑的時刻。培養一份對那微笑的感覺，無論是同情還是鼓勵，都打開一條路，通往新生命，作為給別人的祝福。

馬太福音十一章25至27節

[25]那時，耶穌說：「父啊，天地的主，我感謝你！因為你將
這些事向聰明通達人就藏起來，向嬰孩就顯出來。[26]父
啊，是的，因為你的美意本是如此。[27]一切所有的，都是我
父交付我的；除了父，沒有人知道子，除了子和子所願意指
示的，沒有人知道父。」

對祝福的自然反應是祝福，意思即是獻上感謝。耶穌對上帝的祝福的感覺在祂自己樂意祝福中表達出來。我們學懂為一切獻上感謝時，也會發覺我們的看法被改變；因為這反映了我們對一切都是從慷慨的天父而來的恩賜，愈來愈懂得欣賞。

在一個層面，這段簡短的經文提醒我們，實踐靈閱的其中一個原因，是學習在救恩的偉大工作的視野中找到我們的生命。而這工作是由基督在建立祂的國度時實現的。那樣，我們便可以在應該的時候獻上感謝。而且，我們的生命成了國度的奧祕的一部分，那國度向有智慧和聰明的人隱藏，向單純的人卻顯明，因為他們認識耶穌是上帝的兒子。

我們可以比較這祝福和賜給彼得的祝福。

馬太福音十六章17節

17耶穌對他說：「西門·巴·約拿，你是有福的！因為這不是屬血肉的指示你的，乃是我在天上的父指示的。」

這個層次的理解總是上帝的恩賜，一段寶貴、往往是意想不到的時刻，我們突然從上帝的角度看到一些東西。在這裏，那一刻是彼得承認基督。他能夠超越對聖經和上帝救恩工作的歷史的知識，明白上帝在此刻正在做甚麼。

那是徹底明白的一刻，而彼得需要花很長的時間才明白那含義：耶穌接著對他說的話是：「撒但，退我後邊去吧！你是絆我腳的；因為你不體貼上帝的意思，只體貼人的意思。」彼得以為他可以利用他的洞見。那對我們是重要的時刻；在靈閱中，發現的時刻總是我們在自己的生命中發現耶穌的同在的一刻。而下一刻則會是我們需要讓祂做祂自己的工作，根據祂自己的條件，透過我們，或者為我們而做。

但正如彼得一樣，發現的時刻包含作門徒的召喚：「若有人要跟從我，就當捨己，（甚至天天）背起他的十字架來跟從我。」

對生命變得完滿的驚訝

醫治也推動驚歎。如果我們讓上帝以祂的話語觸摸我們，我們會被那話語改變，或許我們驚歎最驚人的原因，是好像福音書中的人對耶穌的醫治事奉感到驚歎一樣。我們應該留意，將人們帶到耶穌跟前的不同環境，有時是絕望，有時卻是充滿盼望。醫治的神蹟顯示能力，並驅使人們將注意力放在我們的主身上。但它們不單顯示能力；福音書一再提出，醫治是作為對信心的回應。有時信心是完全的，有時卻遠遠稱不上是相信：「我信！但我信不足，求主幫助。」是在登山變像後那個被鬼附以致抽瘋的孩子的父親發出的呼喊（可九 24）。在這裏，正如在其他地方，重要的是將病人帶到耶穌跟前的信心。

他們對耶穌教導的回應是複雜的；驚歎有時帶來信心，但有時卻帶來關於耶穌的能力來自哪裏的疑問。在拿撒勒，人們以為他們知道關於耶穌的一切，所以祂只能夠做很少醫治的工作：祂對他們缺乏信心感到驚訝（可六 6；比較太十三 58以下的平行經文）。在我們的靈閱中，我們或許發覺自己與類似推動我們有信心的含義搏鬥。

更概括地，聖經描述很多不同的情況，是人們從一種需要的感覺來尋找上帝或耶穌。尼采（Nietzsche）抱怨說基督教是失敗者的宗教。但事實上，那些尋找的人都尋見！真正的重點是缺少了甚麼，人們的需要的真正來源是與上帝的關係，那位同情和憐憫的上帝，祂在我們的一切苦難中與我們相遇。我們不是作為彼此分隔的個人而活，而是由彼此的關係模塑的人，特別是由我們作為人類的存在那主要的關係模塑，那就是與上帝，我們的父和我們的創造者，我們的救主和我們在聖靈裏新生命的源頭的關係。明白和欣賞這關係，比一切都更能夠促進生命的整全。

馬太福音十五章29至31節

29耶穌離開那地方，來到靠近加利利的海邊，就上山坐

下。[30]有許多人到他那裏，帶著瘸子、瞎子、啞吧、有殘疾
的，和好些別的病人，都放在他腳前；他就治好了他們。
[31]甚至眾人都希奇；因為看見啞吧說話，殘疾的痊癒，瘸子
行走，瞎子看見，他們就歸榮耀給以色列的上帝。

這段經文是馬太關於餵飽四千人的記載的前言。這個神蹟令我們想起聖餐，和我們由上帝餵養這最深的需要。但引文的結束那句話令人想起以賽亞的預言，例如以賽亞書三十五章5至6節，在那裏先知預期彌賽亞的時間。在馬太福音十一章2至5節，這些是耶穌說應該是能夠鼓勵施洗約翰的記號，他預言的那一位實際上已經來了。

因此，福音書的作者再次暗示，人們對神蹟感到的驚歎，是欣賞耶穌作為開展上帝國度的那一位，雖然這只是隱含，而且仍未闡明的信心。

我們也不應該害怕帶著自己的需要接近上帝。我們倒應該得到鼓勵，藉著在聖經中找尋耶穌，回應我們對需要的感覺，並將自己呈獻給祂，讓我們可以得到醫治。醫治的經驗會幫助我們以更深或更發自內心的讚美歡慶聖餐，在那裏耶穌會在屬靈上餵養我們，讓我們可以實行祂的旨意。

在福音書中那些特定的醫治故事中，有癱子的故事。他是那麼無助，以致他的醫治有賴那些將他抬到耶穌那裏的人的智謀。

馬可福音二章1至12節

[1]過了些日子，耶穌又進了迦百農。人聽見他在房子裏，[2]就
有許多人聚集，甚至連門前都沒有空地；耶穌就對他們講
道。[3]有人帶著一個癱子來見耶穌，是用四個人擡來的；
[4]因為人多，不得近前，就把耶穌所在的房子，拆了房頂，
既拆通了，就把癱子連所躺臥的褥子都縋下來。[5]耶穌見
他們的信心，就對癱子說：「小子，你的罪赦了。」[6]有幾
個文士坐在那裏，心裏議論，說：[7]「這個人為甚麼這樣說
呢？他說僭妄的話了。除了上帝以外，誰能赦罪呢？」[8]耶穌
心中知道他們心裏這樣議論，就說：「你們心裏為甚麼這
樣議論呢？[9]或對癱子說『你的罪赦了』，或說『起來！拿你
的褥子行走』，哪一樣容易呢？[10]但要叫你們知道，人子在
地上有赦罪的權柄。」就對癱子說：[11]「我吩咐你，起來！
拿你的褥子回家去吧！」[12]那人就起來，立刻拿著褥子，
當眾人面前出去了，以致眾人都驚奇，歸榮耀與上帝，說：
「我們從來沒有見過這樣的事！」

在初期教會，這個比喻有一個寓意的解釋：房子是我們自己，要找到醫治，我們需要從專注於外面的生命向內走到我們的心。在那裏找到耶穌。

我們不能自己去到那裏，而需要別人將我們縋下這個事實，教導我們，我們在信仰的家庭中倚靠別人：事實上，耶穌醫治那無助的癱子時所稱讚的，似乎是他們的信心。

還有另一點：罪以很多種方式使我們的生命癱瘓。我們需要的醫治的話實際上是簡單的一句赦免。

在靈閱的背景中，這個故事在耶穌教導的比喻中，也強調我們默想聖經時，我們怎樣藉著進入內心聆聽耶穌說話，可以找到釋放的話、醫治的話和赦免的話。或許我們甚至不明白自己的罪，直至我們發現，我們可以以耶穌令我們能夠的新方式生活。

但這神蹟發生時，房子裏也有很混亂的討論。問題和懷疑，也可能會與要接觸耶穌的信心那絕望的努力一起出現在我們心裏。惟一證明，惟一處理問題和疑惑的方法，是起來行走，並讚美上帝。

這個故事提醒我們，驚歎不單是一聲「呀」或「噢」：它可以是疑惑、疑問，甚至恐懼。啟示並非總是受歡迎的：有時它引起敵意；而它總要求內心的改變。

人們對啟示時刻的反應那含糊性在福音書中得到很好的表達。

馬太福音十三章53至58節

[53]耶穌說完了這些比喻，就離開那裏，[54]來到自己的家鄉，
在會堂裏教訓人，甚至他們都希奇，說：「這人從哪裏有
這等智慧和異能呢？[55]這不是木匠的兒子嗎？他母親不是
叫馬利亞嗎？他弟兄們不是叫雅各、約西、西門、猶大嗎？
[56]他妹妹們不是都在我們這裏嗎？這人從哪裏有這一切的
事呢？」[57]他們就厭棄他。耶穌對他們說：「大凡先知，除
了本地本家之外，沒有不被人尊敬的。」[58]耶穌因為他們
不信，就在那裏不多行異能了。

羣眾在拿撒勒的驚訝和在迦百農感到的相似（可一27）。但這裏的回應是懷疑，甚至到了拒絕的地步，而不是盼望和欣賞。我們可以將這個故事轉過來，幫助我們檢視自己在聆聽聖經時的偏見：我們歡迎它，還是懷疑它？我們以「懷疑的詮釋」，還是盼望來閱讀聖經？從其中一種轉向另一種需要甚麼？我認為人們的信心通常都和不信擦肩而過，我們心裏的問題似乎可以帶我們朝信或不信走。決定性的事情是如果我們已經認識耶穌，如果我們相信

祂，而且在祂啟發的盼望上分享了一些認識，這些便是很難放棄的經驗，即使我們並不真正感到這就是信心。但那感覺是錯誤的。

驚歎正面和反面的兩極

另一個將這兩種態度一起帶到耶穌跟前的故事是關於一個女人，她來到法利賽人的家，以香膏膏耶穌的腳。那女人那愛慕的反應引起疑惑——如果不是討厭的話。那個對比暗示耶穌發出的信心邀請可以引起一種怎樣的困難。

路加福音七章36至50節

36有一個法利賽人請耶穌和他吃飯；耶穌就到法利
賽人家裏去坐席。37那城裏有一個女人，是個罪人，
知道耶穌在法利賽人家裏坐席，就拿著盛香膏的
玉瓶，38站在耶穌背後，挨著他的腳哭，眼淚溼了耶
穌的腳，就用自己的頭髮擦乾，又用嘴連連親他的
腳，把香膏抹上。39請耶穌的法利賽人看見這事，
心裏說：「這人若是先知，必知道摸他的是誰，是
個怎樣的女人；乃是個罪人。」40耶穌對他說：「西

門！我有句話要對你說。」西門說：「夫子，請說。」
41耶穌說：「一個債主有兩個人欠他的債；一個欠五十兩
銀子，一個欠五兩銀子；42因為他們無力償還，債主就開
恩免了他們兩個人的債。這兩個人哪一個更愛他呢？」
43西門回答說：「我想是那多得恩免的人。」耶穌說：「你
斷的不錯。」44於是轉過來向著那女人，便對西門說：
「你看見這女人嗎？我進了你的家，你沒有給我水洗腳；
但這女人用眼淚溼了我的腳，用頭髮擦乾。45你沒有與
我親嘴；但這女人從我進來的時候就不住地用嘴親我的
腳。46你沒有用油抹我的頭；但這女人用香膏抹我的腳。
47所以我告訴你，她許多的罪都赦免了，因為她的愛多；
但那赦免少的，他的愛就少。」48於是對那女人說：「你
的罪赦免了。」49同席的人心裏說：「這是甚麼人，竟赦免
人的罪呢？」50耶穌對那女人說：「你的信救了你；平平安
安回去吧！」

這是一種不同的故事，值得嘗試將它當為我們之間的兩部分的戲劇來閱讀，那兩部分就是愛得不顧一切和更理性的思考方式。

一方面，它顯示那個女人與耶穌的親密是多麼沒有節制，這可以由禱告推動。這是自發、個人和不理會其他一切的，只關心回應耶穌的愛和祂的可愛。另一方面，那個

在社交上有警覺性的法利賽人卻有判斷力，不斷以道德標準判斷事情，似乎不能以任何真實的方式與耶穌連繫。正如在前一段引文一樣，故事生動地描述兩種解釋耶穌的風格。兩種風格都帶領人們接觸耶穌；但只有一種是救恩的經驗。這是因為那個女人知道自己需要耶穌，並且不計較任何代價。

正如醫治癱子一樣（可二 1~12），耶穌藉著赦罪顯示祂的神性。在這裏，故事沒有以與當權者衝突為焦點；它只專注於那女人。她對耶穌的愛的經驗驅使她慷慨地表達她的愛。耶穌實際上沒有說這是因為祂之前赦免了她；祂的話暗示她那非凡和惹人反感的行動贏得她的赦免。

驚歎作為拒絕信仰

但驚歎也可以表示拒絕。在約翰的記載中，耶穌餵飽五千人後，談及自己是生命的糧，很多跟隨祂的人便開始離開，這是令人憂愁的一刻；耶穌走得太遠了（約六 66~69）。接著彼得代表其他人發言，說他們不能歸向別人：耶穌有永生的道。我們有能力緊抓一種肯定，以及它表達的盼望，是能夠令信心增長，超越我們最初理解的能力，並面對耶穌的教導總會帶來的挑戰。

不過，其他人接觸耶穌時心裏已經作了決定，他們只對嘗試找祂的錯誤感興趣。在福音書故事的結束，耶穌在棕枝主日進入耶路撒冷後，福音書的作者講述一個衝突愈來愈大的故事。耶穌激怒了猶太建制的所有主要羣體，他們聯合起來到彼拉多那裏控告祂。在這裏眾人因為耶穌而驚歎，但卻沒有信心；那經驗只激起更大敵意。場景是關於猶太人應否納稅給羅馬國家的辯論。

馬太福音二十二章21節下至22節

[21]耶穌說：「這樣，凱撒的物當歸給凱撒；上帝的物當歸給上帝。」[22]他們聽見就希奇，離開他走了。

驚歎的詳細情形——「希奇」——在這裏由馬太提出，等同敵意和缺乏信心的標記。作為靈閱的說明，它提醒我們，信心是在耶穌裏發現上帝的必要條件。聖經實際上提供判斷我們信心的來源。對那些沒有信心而閱讀的人，那經驗會激起憤怒或懷疑。那些以信心閱讀的人則會找到喜樂和盼望，以及作門徒的挑戰。

同樣，在福音書開始時，我們已經看過那製造驚歎感覺的醫治也激起敵意。一些人採取行動要消滅耶穌，是始於祂事奉的初期，在安息日醫治了一個男人（可三6）。

驚歎作為好奇

撒該是另一種驚歎的例子：在這裏我們看見好奇在信心旅程開始時的力量，吸引人去見耶穌，即使想保持安全的距離！這沒有阻止耶穌發現他，和邀請他探訪，這探訪改變了撒該的生命。正如那個有罪的女人一樣，它釋放出很大的慷慨——這裏是對其他人。

路加福音十九章1至10節

1耶穌進了耶利哥，正經過的時候，2有一個人名叫撒該，
作稅吏長，是個財主。3他要看看耶穌是怎樣的人；只因人
多，他的身量又矮，所以不得看見，4就跑到前頭，爬上桑
樹，要看耶穌，因為耶穌必從那裏經過。5耶穌到了那裏，
擡頭一看，對他說：「撒該，快下來！今天我必住在你家
裏。」6他就急忙下來，歡歡喜喜地接待耶穌。7眾人看見，
都私下議論說：「他竟到罪人家裏去住宿。」8撒該站著對
主說：「主啊，我把所有的一半給窮人；我若訛詐了誰，就
還他四倍。」9耶穌說：「今天救恩到了這家，因為他也是
亞伯拉罕的子孫。10人子來，為要尋找、拯救失喪的人。」

或許這個故事提醒我們，如果我們發覺靈閱對我們

的生命有革命性影響，一定不應該感到驚訝。如果我們出去尋找耶穌，會很難保持安全的距離。

故事的核心是有力的。在靈閱中，我們需要嘗試找尋耶穌，並注視祂。但我們也可以發覺耶穌正在看我們。在靈閱中，我們需要留時間給這種互相注視。它可以改變我們的生命。

驚歎和恐懼

在幾個故事中，海都似乎是顯示耶穌能力的地方。門徒是漁夫，有在水面的經驗。知道連他們在風暴中也感到害怕，這給我們一點鼓勵。

馬可福音四章35至41節

35當那天晚上，耶穌對門徒說：「我們渡到那邊去吧。」
36門徒離開眾人，耶穌仍在船上，他們就把他一同帶去；也
有別的船和他同行。37忽然起了暴風，波浪打入船內，甚
至船要滿了水。38耶穌在船尾上，枕著枕頭睡覺。門徒叫
醒了他，說：「夫子！我們喪命，你不顧嗎？」39耶穌醒了，
斥責風，向海說：「住了吧！靜了吧！」風就止住，大大地

平靜了。[40]耶穌對他們說：「為甚麼膽怯？你們還沒有信心
嗎？」[41]他們就大大地懼怕，彼此說：「這到底是誰？連風
和海也聽從他了。」

和浪漫主義者在野地和暴力現象中找到超越相反，這裏上帝沒有在風暴中顯現；風暴只具有破壞性，象徵創造前的混亂。上帝的能力在風和浪順從祂的命令中顯明。耶穌的神性也是源自絕望的驚恐。「夫子！你不顧嗎？」

風暴平靜後，他們的問題：「這到底是誰？」同時是震驚的呼喊和承認神聖的能力。在這段經文中，恐懼的情緒似乎經過幾個轉變，以驚歎出現，也以對他們經歷的能力感到猶疑出現。耶穌在復活後叫門徒不要害怕；但那是自然的情緒，我們需要誠實地接受，才能夠發覺它轉為驚歎，甚至信心的確信。

耶穌在水面行走的故事將事情帶進一步：

馬太福音十四章22至33節

[22]耶穌隨即催門徒上船，先渡到那邊去，等他叫眾人散開。
[23]散了眾人以後，他就獨自上山去禱告。到了晚上，只有他一

**人在那裏。24那時船在海中，因風不順，被浪搖撼。25夜裏四
更天，耶穌在海面上走，往門徒那裏去。26門徒看見他在海
面上走，就驚慌了，說：「是個鬼怪！」便害怕，喊叫起來。
27耶穌連忙對他們說：「你們放心，是我，不要怕！」28彼得
說：「主，如果是你，請叫我從水面上走到你那裏去。」29耶
穌說：「你來吧。」彼得就從船上下去，在水面上走，要到耶
穌那裏去；30只因見風甚大，就害怕，將要沉下去，便喊著
說：「主啊，救我！」31耶穌趕緊伸手拉住他，說：「你這小信
的人哪，為甚麼疑惑呢？」32他們上了船，風就住了。33在船
上的人都拜他，說：「你真是上帝的兒子了。」**

再次，我們可以從知道耶穌在風暴中來到我們當中而得到信心。或許，我們從耶穌在晚間禱告時與門徒一起，知道他們在不幸中這個細節找到更多幫助。

這個故事的重點不是耶穌平靜大海，而是風暴，我們感到上帝不關心，事情已經失控的時候，正是與耶穌相遇的時候。我們需要以對祂的信心面對危險和驚惶。我們需要走到船外，放棄船上最後的保障，單藉著堅定地看著耶穌來行走。

說教是容易的。這個神蹟對我的主要價值是馬太怎樣表達信心和源自恐懼的驚歎那緊密的關係。

榮耀顯明

變像的故事提出門徒驚歎的感覺中另一種含糊，這是舊約經驗聖潔的特點——驚歎和恐懼之間的張力，感到敬畏是超越（*tremendum*）和吸引（*fascinans*），好像被一些危險的事情抓緊，發覺我們不能離開時那樣吸引我們。

馬太福音十七章1至8節

[1]過了六天，耶穌帶著彼得、雅各，和雅各的兄弟約翰，暗
暗地上了高山，[2]就在他們面前變了形像，臉面明亮如日
頭，衣裳潔白如光。[3]忽然，有摩西、以利亞向他們顯現，同
耶穌說話。[4]彼得對耶穌說：「主啊，我們在這裏真好！你
若願意，我就在這裏搭三座棚，一座為你，一座為摩西，
一座為以利亞。」[5]說話之間，忽然有一朵光明的雲彩遮蓋
他們，且有聲音從雲彩裏出來，說：「這是我的愛子，我所
喜悅的。你們要聽他！」[6]門徒聽見，就俯伏在地，極其害
怕。[7]耶穌進前來，摸他們，說：「起來，不要害怕！」[8]他們
舉目不見一人，只見耶穌在那裏。

彼得「那是好的」（按原文直譯）這句話，也被翻譯為「在這裏真好」。但他們不知道應該說甚麼，因為他們感

到害怕。同樣，相遇和不明白之間有張力。我們再次應邀考慮我們經驗上帝所做的事情的能力，多大程度上是由我們明白的需要，以及我們缺乏資源這樣做調節。在馬太的記載（太十七 1~8 ）中，耶穌給他們保證。

結果同樣重要。他們從山上下來時，心裏仍然有疑問；他們不明白神蹟的重點，就是開始教導門徒關於十字架的奧祕。只是在遲很多的時候，在復活開始變得深刻時，他們才明白。

復活的榮耀

馬可福音十六章1至8節

1過了安息日，抹大拉的馬利亞和雅各的母親馬利亞並撒
羅米，買了香膏要去膏耶穌的身體。2七日的第一日清早，
出太陽的時候，她們來到墳墓那裏，3彼此說：「誰給我們
把石頭從墓門滾開呢？」4那石頭原來很大，她們擡頭一
看，卻見石頭已經滾開了。5她們進了墳墓，看見一個少年
人坐在右邊，穿著白袍，就甚驚恐。6那少年人對她們說：
「不要驚恐！你們尋找那釘十字架的拿撒勒人耶穌，他已
經復活了，不在這裏。請看安放他的地方。7你們可以去告

訴他的門徒和彼得，說：『他在你們以先往加利利去。在那裏你們要見他，正如他從前所告訴你們的。』」[8]她們就出來，從墳墓那裏逃跑，又發抖又驚奇，甚麼也不告訴人，因為她們害怕。

復活的故事本身教導我們，驚歎往往源自不信。馬可對復活節早晨的記載很可能以婦女怕得要死突然地結束。在馬太福音中，這經驗被重新解釋為敬畏和很大的喜樂。但復活的故事在恐懼和喜樂，不信和信心，驚訝和認出之間搖擺。它們給予的教訓是在遇到耶穌基督是上帝時，我們需要與祂進入一種新的關係，我們需要容許我們對復活的經驗重構我們對生命的命運的理解，雖然我們沒有足夠的概念這樣做。我們只有驚歎。有時我們感到這是一種威脅，有時則好得不像事實。

實踐部分

這一章的主要部分考慮了驚歎怎樣可以源自不同的背景，它實際上可以怎樣源自疑惑或恐懼的經驗，這些經驗開始時不大可能是與上帝相遇的背景。驚歎也是含混的狀態：它可以是發現上帝的一點，或推動我們到發現上帝的一點；但它也可以是一點，在那裏我們轉向一旁，或者拒絕朝發現採取行動。驚歎的能力是向上帝開放的能力；驚歎是一點，在那裏我們顯示我們自己預備好以信心和盼望朝上帝移動，或者關閉自己，轉身離開。

重要的是，嘗試發展我們驚歎的能力，這表示能夠讓事情發生，為此欣賞它們。擅於驚歎的人很可能是能夠輕易和樂意地說：「世上的人無奇不有」，而不是因為別人不同而發怒的人，或者在事實不如自己所願時能夠取笑自己的人！驚歎表示預備好享受一些事情，而不是要明白它；我們可以為了一個發現而驚歎，但我們驚歎的原因不是我們了解它，而是那事情本身。那是感恩和謙卑的時間，不是讓我們沾沾自喜。我知道能夠培養這種能力的惟一方法，是珍惜我們發覺自己驚歎的時刻，給它們時間和欣賞，是我們以前或許沒有給予的。我特別認為值得嘗試在發覺自己身處黑暗中時停止害怕。

這樣做的方法和對待任何種類的恐懼一樣，我們需要能夠放鬆，平靜、安穩和深深地呼吸，承認那處境和我們即時的反應，但卻學習我們是可以作出選擇的。我們需要作的選擇不是逃走或對抗，而是在黑暗中保持安靜，等候迷霧消散，或者我們的視線再次習慣事情的模樣，讓我們可以對可供發現的事物保持開放。

如果我們發覺自己在困難的時候進行閱讀，花很多時間是有幫助的，甚至可以在開始前，只是靜下來，配合我們的實際感受。這不是自我放縱；它實際上會令我們更容易聆聽聖經，因為我們不會發覺自己感到被忽略的部分會不斷干擾我們的閱讀，要求它仍未得到的注意。這樣也會令我們有可能聽到我們需要的迴響和共鳴，或許比任何時候都更能夠聽到引導或保證。

有時候，驚歎的時刻可以干擾閱讀、默想或禱告。它不單源自較早時提到的那種禱告。因為靈閱關乎的是容許一種與上帝的關係發展，我們不應該擔心將話語放在一旁。但我們同樣應該學習聖經是上帝向我們説話的方式的一部分，我們應該小心，不要忽略賜給我們的話。它們應該有助模塑我們。

不同的一點，是有時我們會發覺聖經的話語或者我們開始了的默想妨礙禱告。我們需要記得，我們一直考慮的靈閱的四個元素，並不是攀上梯子的不同梯級。其中一個以自己的方式引向另一個。有時候，從閱讀到驚歎的運動可以非常快。我們需要學習，我們只需要運用那些話語，使我們保持專注於上帝。那測試是我們能否回到閱讀或默想而不感到自己轉離真正重要的事情。我們的思想被一些頗為不同又更重要的事情佔據時，我們不可能默想。

在靈閱中，通常都不會那麼複雜！它通常只是關乎準備好就我們讀過的東西安坐下來，思想和禱告，單單讓整件事深入我們。回到介紹默想時用過的食物比喻，那是關乎尊重我們的消化的問題。在好好吃了一頓飯後，我們不會立即跳起來做下一件事。我們會坐下來，花時間享受彼此分享的食物，特別是享受我們分享食物和飲品的相伴。那是供感激、幽默和一起的時間。

因此，在禱告時享受上帝的同在後並不匆匆離開是好的。我們可以做的一件事是回到一些話，再次細味，但這次較少思想它們對我們的意思，而是思想誰說出那些話，並且是懷著甚麼憐憫或慷慨的目的。這是單單讓上帝作為上帝，讓上帝成為我的上帝的時間。我們自己向上帝的自我奉獻會自然地從其中產生。

第五章：實行聖言

從閱讀到禱告到我們日常生活的移動也是中世紀思想的主題。嘉都西會（Carthusian）修士吉戈描述的四重方案以默觀結束。對在隱居中完全獨處的修士來說，這很可能是對的；隱居的工作是完全專注於上帝。但對我們很多人來說卻不是這樣！好像登山變像後的門徒一樣，我們大部分人都要回到山下，恢復我們的正常職業和責任。但我們不應該失望！上帝的話教導我們上帝與我們多麼親近；為了回應祂，我們很自然地將自己帶到祂面前，從與祂的關係來看我們的日常生活，為我們的需要向祂祈禱，為了我們從祂得到的生命感恩。我們特別可以開始找到聖靈，或者聖靈在我們生命中同在的記號，並看到其他影響或「靈」的拉扯，它們吸引我們不以全心跟從上帝；我們也可以看到它們的本相。這樣，上帝的話可以成為辨別的原則，讓我們找出上帝怎樣在我們生命中活動，與我們分享祂的恩賜，在我們信仰的生命中邀請、提議甚至指示我們。

嘗試將禱告和默觀想為離開我們自己，或者超越我們這個世界的改變和機遇，沒有多大用處。我們是不能逃脱的；上帝正是在這裏拯救我們。或許我們倒應該學習回到自己，這會是更真誠的禱告方式。靈閱應該能夠在這裏幫助我們。它幫助我們發現我們生命的真正基礎，作為上帝給我們，在其中與我們相遇的基礎；靈閱幫助我們學習我們在這裏是多麼好。我們面對的要求，很可能也相當普通，但挑戰性絕對不低。或許我們需要的，是開始看到，我們在照顧家庭和工作中所做的最普通事情，在福音的生命中有寶貴的角色要扮演。或許我們的工作很簡單，但和復活後的門徒一樣，我們也要為我們十分熟悉的人帶來好消息，鼓勵、安慰、饒恕和締造和平。

思想靈閱的實際結果的傳統方式有三個階段，將靈閱的外在運動追溯到我們的日常生活。它始於一個就我生命的實際需要和要求進行辨別聖靈的過程（*discretio*）；這帶來決定的一刻，選擇我的良心認為是上帝對我的旨意（*deliberatio*）；這自然地在有信心的行動中體現出來（*actio*）。我們可以更仔細地考慮這個過程。

辨別幫助我們欣賞聖靈在我們自己生命中的同在。這邀請我們思想聖靈的恩賜這個觀念。傳統的清單是以以賽亞書十一章2節為基礎。在那裏，耶和華的靈被描述為智慧和理解的靈、勸告和大能的靈、知識和敬畏耶和華的靈。這些恩賜與我們的「頭腦」有很大關係——智慧、理解等——但也與我們的意志——大能或勇氣——和我們的心——對耶和華感到敬畏和懼怕——有關。這些恩賜與我們看事物的方式有關，與我們作決定和活出那些決定的方式也有關。

聖靈幫助我們真正地明白事情，幫助我們好像上帝那樣看事情。聖靈幫助我們更察覺好和壞、正確和錯誤，更配合上帝的旨意。在幫助我們明白這點，並相應地作決定時，聖靈幫助我們勇敢地跟隨作門徒的路，對上帝在世界，在別人和在我們自己內心的同在敏感。恩賜需要揭開和使用。這些恩賜應該用來服事上帝。我們運用恩賜時，它們有轉化作用：令一切更新的聖靈提升我們的思想和內心；祂重新指引我們的生命，朝上帝和別人而活。靈閱可以使我們更察覺這點，因為它給我們時間，有意識地與聖靈交往，並為怎樣回應祂而祈求。

但這涉及選擇的一刻，基於我們怎樣理解上帝的旨意的決定。在這方面，我們可以思想耶穌談及需要辨別祂國度的記號，考慮聖靈在我們周圍做甚麼的經文。我們在默想中對聖經的一些反省應該容許有這樣做的空間，這樣會引致禱告，特別是代求的禱告。這是禱告珍貴的服事，新舊約都提出很多例子。我們可能好像雅各一樣與上帝搏鬥，或者好像摩西一樣向上帝懇求，以及好像約伯那樣在因為不應得到的苦難而憤怒地抗議後謙卑地俯伏在上帝面前。但這種禱告總應該伴隨著獻出自己事奉上帝，讓祂的旨意在我們裏面成就，讓我們實行祂的旨意。代求包括作門徒的呼召。

這種禱告肯定會幫助我們明白，上帝怎樣在我們的生命中向我們説話。它會幫助我們面對上帝呼召我們事奉祂的方法；它會幫助我們生出信心和盼望。對我來説，這就是細想（*deliberatio*）的意思。我們必須記得，我們應該仍然將這種關於我們生命的思想理解為禱告的活動；它不單是在實際層面關於基督徒生命的思考。但這種禱告帶我們超越我們的閱讀，和它顯明的與上帝的即時接觸，進入行動之中。它幫助我們禱告地活出我們的生命。

無論它會是怎樣，基督徒都需要考慮，他們生命的進行怎樣由上帝的話模塑。在實際的事實上，我怎樣反映我在耶穌基督裏看到的上帝的形像？閱讀是嘗試將我們的信心、盼望和愛植根於上帝的愛，不單在我們對他的話語的注意，也在我們對祂的渴望，並尋求實行祂的旨意中。默觀上帝的話有內在和外在的運動。聖靈帶領我們向內去到上帝的話，去到禱告和與基督的團契，以及對聖父的愛慕；但祂也帶我們回到自己和其他人。單單默觀並不足夠；我們應該與別人分享我們默觀的果子。

這一章餘下的部分是關於實踐，因此沒有實踐部分作為結束。供思想的經文以討論堅持將上帝的話付諸實踐，以及不這樣做的危險的經文開始。它們談及真正令我們能夠活出上帝的話的屬靈智慧，這表示學習有基督的心。基督的心是由聖靈給予生命，而且正是在這個背景下，我們最能夠想到辨別（*discretio*）和細想（*deliberatio*）。我們接著會以不同的章節討論這一切。

作為聖言的實踐者

以下來自雅各書的經文盡可能直接地說話。有生命的信仰表示實行我們接受的聖言。不這樣做是自欺。

雅各書一章19至25節

[19]我親愛的弟兄們，這是你們所知道的。但你們各人要快
快地聽，慢慢地說，慢慢地動怒，[20]因為人的怒氣並不成
就上帝的義。[21]所以，你們要脫去一切的污穢和盈餘的邪
惡，存溫柔的心領受那所栽種的道，就是能救你們靈魂的
道。[22]只是你們要行道，不要單單聽道，自己欺哄自己。[23]因
為聽道而不行道的，就像人對著鏡子看自己本來的面目，
[24]看見，走後，隨即忘了他的相貌如何。[25]惟有詳細察看那
全備、使人自由之律法的，並且時常如此，這人既不是聽
了就忘，乃是實在行出來，就在他所行的事上必然得福。

我們聆聽得有多快？也就是說，我們多願意將我們自己的談話和先入之見放在一旁，讓別人有發言權？上帝有沒有得到更好的接受？雅各看見說話、憤怒和暴力之間有緊密的連繫。當然，我們憤怒時，特別難停下來聆聽。但如果我們這樣做，或許能夠看到比自己更大的圖畫，那會是朝讓和平生長的理解走出第一步。

可以肯定的是，有時憤怒是對的，雅各或許也留意到這點，所以他說我們應該慢慢地動怒。我們太容易不公平地憤怒，或者錯誤地發泄我們的怒氣：要作出公平的判斷；我們需要快快聆聽上帝的話，並預備好讓它模塑我們的感受。

或許，我們需要容許靈閱幫助我們聆聽我們被壓抑的憤怒（往往表現為憂愁）；為了讓那話語正確地接觸我們，我們需要誠實。上帝的話語可以給我們勇氣和自知，正如它可以引導我們回應它一樣。雅各也看到需要將自我主張放在一旁，讓我們有足夠的謙卑聆聽在對待我們時從不自我主張的上帝。但謙卑並不表示惰性：上帝的話可以帶我們到自己，讓我們做正確和公正的事情。

那話種植在我們裏面。這個比喻提醒我們撒種的比喻。我們需要清理邪惡蔓生的泥土；我們需要接受聖言的種子。但上帝是播種的那一位，祂也耕耘。那話在我們生命中結果子。

一個人看著鏡中的自己這個意象十分有啟發性。鏡子本身不是讓它們看自己，而是反映看鏡子的人的形像。聖經確實向我們反映我們自己。它使我們在自知中成長。但它也反映我們可以有的樣子。在耶穌裏面，它向我們顯示上帝怎樣活出人類的生命；聖經餘下的部分探討人類生命在它的榮耀和它的羞辱中的可能性。在那幅圖畫中找到自己，有助我們對自己嘗試成為怎樣的人作出選擇。我們可能不喜歡自己所看到的，我們可能因為那挑戰而畏縮。但那聖言也是被聖靈充滿的能力之言，幫助我們在上帝的恩典中成長，並根據祂的旨意而活。

相對於有生命的信仰在行動中顯出自己，耶穌談及那些不根據他們接受了的聖言而生活的人。這些是「虛偽的人」。這詞語在希臘語指演員；虛偽的人只是經過那些動作，假裝他們所不是的人，其實只是空的面具。他們十分有批判性——用心理學語言來說是充滿投射：他們批評別人的失敗，但自己也做不到。靈閱是一種溫柔的方式，讓我們誠實地看自己，因為讓我們看到自己是誰的那一位是愛我們的天父。

馬太福音七章1至5節、16至21節、24至27節

1「你們不要論斷人，免得你們被論斷。2因為你們怎樣論
斷人，也必怎樣被論斷；你們用甚麼量器量給人，也必用
甚麼量器量給你們。3為甚麼看見你弟兄眼中有刺，卻不
想自己眼中有梁木呢？4你自己眼中有梁木，怎能對你弟兄
說：『容我去掉你眼中的刺』呢？5你這假冒為善的人！先
去掉自己眼中的梁木，然後才能看得清楚，去掉你弟兄眼
中的刺……」

16「憑著他們的果子，就可以認出他們來。荊棘上豈能摘
葡萄呢？蒺藜裏豈能摘無花果呢？17這樣，凡好樹都結好
果子，惟獨壞樹結壞果子。18好樹不能結壞果子；壞樹不
能結好果子。19凡不結好果子的樹就砍下來，丟在火裏。
20所以，憑著他們的果子就可以認出他們來。

21「凡稱呼我『主啊，主啊』的人不能都進天國；惟獨遵行
我天父旨意的人才能進去……

24「所以，凡聽見我這話就去行的，好比一個聰明人，把
房子蓋在磐石上；25雨淋，水沖，風吹，撞著那房子，房
子總不倒塌，因為根基立在磐石上。26凡聽見我這話不
去行的，好比一個無知的人，把房子蓋在沙土上；27雨
淋，水沖，風吹，撞著那房子，房子就倒塌了，並且倒塌
得很大。」

這段登山寶訓的大段落——還有其他段落——總是令人清醒的閱讀。身為理性的動物，我們當然需要作出判斷。問題是我們怎樣作判斷，正面地還是負面地？我們是否好像上帝那樣作判斷，憐憫地渴望肯定和支持別人？還是只找到錯誤、貶低、批評——及類似的事？我們將自己放在別人之上，還是與別人一起？更不要說服事他們？

在這段經文，虛偽的人是那些以為自己可以在自己以外的任何地方開始進行判斷的人。他們不在鏡子中看自己，藉以取去自己眼中的樑木！這裏需要我們徹底改變自己的觀點。這樣做就是在從上而來的智慧中成長。靠著聖言而活，很可能表示開始改變自己，然後才開始過分擔心別人。

測試有甚麼事情正在發生的，總是我們的愛，那是我們在生命中結出的果子。正如耶穌在其他地方說過，那是關乎行為而不是說話。我們甚至不能肯定我們是實行上帝的旨意，還是實際上只是榮耀我們自己——除了藉著我們的生命結出甚麼果子這個測試。它究竟來自上面還是下面？

將上帝的話帶到心裏，根據我們從上帝學到的東西建立我們的生命，就是給我們的生命穩固的根基。聖言成了智慧的來源。我們能夠將我們的房子建造在磐石上——按聖保羅的理解，磐石是基督（林前十 5）。

來自上面的智慧

雅各談到一種來自上面的智慧，一種幫助我們好像上帝那樣看事物，想望上帝想望的事情的智慧。

雅各書三章13至18節

[13]你們中間誰是有智慧有見識的呢？他就當在智慧的溫柔
上顯出他的善行來。[14]你們心裏若懷著苦毒的嫉妒和紛
爭，就不可自誇，也不可說謊話抵擋真道。[15]這樣的智慧
不是從上頭來的，乃是屬地的，屬情慾的，屬鬼魔的。[16]在
何處有嫉妒、紛爭，就在何處有擾亂和各樣的壞事。[17]惟
獨從上頭來的智慧，先是清潔，後是和平，溫良柔順，滿
有憐憫，多結善果，沒有偏見，沒有假冒。[18]並且使人和平
的，是用和平所栽種的義果。

雅各對比兩種智慧：地上的「智慧」或本事，由無論如何要在世上生存的靈引導；以及來自上面的智慧，由它的果子顯露出來。

基督的心

新約還有其他經文介紹兩套價值觀的對比。例如：在哥林多前書，保羅對比十字架的真智慧和這個世代的智慧；在同一段經文，他談及直達上帝的心，將上帝的意思向我們顯明的聖靈。它賜我們基督的心。這是在犧牲的生命中表達出來的智慧，我們在那裏擁抱十字架的奧祕進入我們自己的生命中。

哥林多前書二章9至16節

9如經上所記：「上帝為愛他的人所預備的是眼睛未曾看
見，耳朵未曾聽見，人心也未曾想到的。」10只有上帝藉著
聖靈向我們顯明了，因為聖靈參透萬事，就是上帝深奧的
事也參透了。11除了在人裏頭的靈，誰知道人的事？像這
樣，除了上帝的靈，也沒有人知道上帝的事。12我們所領
受的，並不是世上的靈，乃是從上帝來的靈，叫我們能知
道上帝開恩賜給我們的事。13並且我們講說這些事，不是
用人智慧所指教的言語，乃是用聖靈所指教的言語，將
屬靈的話解釋屬靈的事。14然而，屬血氣的人不領會上帝
聖靈的事，反倒以為愚拙，並且不能知道，因為這些事惟
有屬靈的人才能看透。15屬靈的人能看透萬事，卻沒有一
人能看透了他。16誰曾知道主的心去教導他呢？但我們是

有基督的心了。

保羅在這裏的思路，訴諸一種上帝的靈和我們的靈之間的對應：我們的靈是要與上帝的靈溝通。靈是授予生命給我們內心的，比我們的情感生命更深刻。這裏的靈，是一種自我了解；它知道我們自己的思想，但它比我們的思想更深刻，甚至在思想的活動最直觀的層面。它是我們生命的原則；在基督徒看人類生命的方式中，我們的生命基本上不是生物上的現實，而靈不單是生命的能力。我們基本上是屬靈的造物，由上帝創造，為了與祂團契。因此，我們的靈是我們個人生命的層面，朝向是靈的上帝觀看。在靈的層面，我們與我們自己和上帝溝通——至少潛在地這樣：因為只有在上帝讓自己為人所認識的程度上，我們才認識上帝——而且同樣是在靈的層面，並透過聖靈。靈閱幫助我們在這意識的層面發覺自己感到自在：因為是在我們對上帝的話的回應中，在我們聆聽中，以及在我們聆聽的啟示之言中，在我們心裏工作的聖靈讓上帝為我們所認識。

對保羅來說，重要的問題是在靈的層面我們配合甚麼。我們聆聽這個世界的靈，還是為了自己而創造我們的上帝？世界的自負和驕傲在周圍出現，好像難聞的氣味在清新的空氣中停留一樣。我們感到它使人分心，是我們靈裏在墮落的世界的吸引和上帝之間的張力——如果不是衝突的話。上帝是真智慧的來源，而世界最終則是騙人的，使我們成為沒有靈的人，我們的心被減去上帝的世界佔據，保羅稱之為「肉體」。

但當我們向上帝開放自己的思想和心時，我們的靈便能夠分享聖靈的智慧。因為使所有造物有生命的上帝的靈，也進入我們內心的深處。祂以新和敬虔的生命為恩賜給我們的自然生命。這些是這一章的引言提到的聖靈的恩賜。藉著這些恩賜，我們的思想得到更新；我們學習好像上帝那樣思想，愛祂所愛的。我們學習有基督的心。

羅馬書十二章1至2節

[1]所以弟兄們，我以上帝的慈悲勸你們，將身體獻上，當作活祭，是聖潔的，是上帝所喜悅的；你們如此事奉乃是理所當然的。[2]不要效法這個世界，只要心意更新而變化，叫你們察驗何為上帝的善良、純全、可喜悅的旨意。

靈閱實際上應該讓我們感到上帝的憐憫，讓我們開始視我們的生命為救贖奧祕的一部分，這救贖奧祕在基督在十字架上犧牲自己時到達頂峯。我們自己生命的恩賜因而只是我們感恩的一部分，對上帝賜給我們的一切的欣賞。那是我們惟一合適的崇拜。但在獻上這種禮物時，我們被改變，並且能夠成為帶來改變的人，與基督分享一切事物的更新。

辨別

上帝的靈使我們能夠區分世界的「氣味」和上帝新鮮空氣的氣味。祂幫助我們明白，上帝怎樣在我們生命中工作，在互相衝突的壓力和衝擊中，我們可以怎樣嘗試回應上帝所賜的成長的可能。這個過程，從一開始便是修士所說的辨別的靈。辨別（源自拉丁語動詞 *discernere*）指講出善良和邪惡之間的分別，這兩種正在發揮作用的吸引力，往往是難以察覺的。但察覺上帝在我們心裏的同在，有助揭露事情的真面目。這是思想有「基督的心」是甚麼回事的另一種方式。基督話語的光照進黑暗中（約一 4~5），黑暗永遠都不能消滅它！我們可以比較耶穌的話，祂的門徒需要成為可以照亮的光，讓人們可以看見，而不再需要在黑暗中行走（太五 14~16）。我們學習讓聖靈成為我們生命、思想和行動的原則時，我們會開始為別人發光，發覺自己進入令我們成為更完全的人，好像基督那樣由上帝生，有新和永恒的生命的成長動力中。

·試驗諸靈·

約翰一書四章1至3節上

1親愛的弟兄啊，一切的靈，你們不可都信，總要試驗那些
靈是出於上帝的不是，因為世上有許多假先知已經出來
了。2凡靈認耶穌基督是成了肉身來的，就是出於上帝的；
從此你們可以認出上帝的靈來。3凡靈不認耶穌，就不是
出於上帝。

聖本篤在他的會規中使用這段簡短的經文，作為討論修道生活中招募和模塑的前言。它簡單和基本的信息，是耶穌和我們對祂神聖權力及道成肉身的信心，對我們認識上帝的旨意是最重要的。無論我們心裏想著甚麼，我們都需要以基督的標準來衡量。在以前的日子，問題是「耶穌會怎樣做？」或者「祂會怎樣做？」這不一定是最好的問題，但我們肯定可以考慮一個行動、一個計劃或關注，有多好地配合我們對基督的認識。我們往往不單需要直接做聖經提到的事情，而靈閱是發展我們需要將聖經的話「配合」我們生命的特定環境所需要的那種對耶穌的熟悉。我們需要智慧，而不是只講究實際。

·將思想放在聖靈上·

羅馬書八章是關於聖靈的偉大篇章。我們不適宜在這裏解釋，這一章在這卷保羅神學味道最重的著作中，怎樣配合他的整體論證。我們需要說的是，在這裏，我們看到保羅介紹聖靈是在新創造中的偉大推動力，我們藉這新創造成為上帝的兒女，分享祂兒子的生命，能夠稱上帝為「阿爸」父。由於我們在基督裏被帶到新生命，保羅論證說我們應該學習一種新的思考方式，將我們的思想放在聖靈的事情上。他明白這樣涉及的內心掙扎，但他也知道聖靈在我們軟弱中幫助我們，幫助我們重新以上帝而不是自己作為生命的焦點。

羅馬書八章5至6節

[5]因為隨從肉體的人體貼肉體的事，隨從聖靈的人體貼聖靈的事。[6]體貼肉體的，就是死；體貼聖靈的，乃是生命、平安。

保羅在這裏補充哥林多前書二章9至16節（參上面）介紹的思路，以死亡和生命帶出肉體和靈之間的強烈對比。兩種思想方式是受死亡束縛或朝向生命。但這也是一種判斷的工具。只要哪些靈是朝某方向看，我們便可以判斷它們。當然，我們可以欺騙自己，但如果我們真的尋求來自上面的智慧，我們的靈閱可以幫助我們得到關於這方面的好結論。當然，這個層面的判斷不會沒有錯，但只要繼續聆聽和禱告，我們便可以作出即使是臨時，但也是謹慎的決定。

當然，聖靈的標記是和平。和平不是總能夠不經掙扎便得到，因為耶穌藉著在十字架上流出祂的血帶來和平（西一 20）。因此，那不是關乎正確的事情令我們感到最自在。但如果在我們的靈閱中，我們發覺自己愈來愈意識到不自在，我認為我們可以懷疑這並不是引向和平的路，我們有好的理由支持謹慎。

·兒子的靈·

保羅在羅馬書八章15節的話指我們有兒子的地位。包容的聖經版本將這翻譯為「收養」。我感到不提兒子的身分是遺失了一些重要的東西。對保羅來說，我們是上帝的兒女，因為我們在耶穌裏重生和被收養。而耶穌是上帝惟一的兒子。藉著恩典，我們分有祂身為惟一的兒子，所愛的兒子，與祂的父那獨特的關係，並且在祂裏面的復活。只有一位從天父而生。由於我們是祂身體的成員，我們分有祂的靈。

羅馬書八章14至17節

[14]因為凡被上帝的靈引導的，都是上帝的兒子。[15]你們所受的，不是奴僕的心，仍舊害怕；所受的，乃是兒子的心，因此我們呼叫：「阿爸！父！」[16]聖靈與我們的心同證我們是上帝的兒女；[17]既是兒女，便是後嗣，就是上帝的後嗣，和基督同作後嗣。如果我們和他一同受苦，也必和他一同得榮耀。

當然，我們需要在三位一體生命的動力中檢視我們的生命。我們藉著恩典和聖靈在我們生命中的能力，進入那生命中。聖靈肯定會推動我們，以致我們可以完全整合進愛的運動中，這種運動將聖父、聖子、聖靈聯合起來。所以，保羅在這裏發展出我們之前考慮過，關於自由的思想：屬靈辨別的標記會是恐懼或收養的感覺，奴役（無論是甚麼意思）或自由的感覺。但那不會是容易的選擇。三位一體生命在這個世界的部分動力是十字架的戲劇。或許我們沒有足夠地尋找十字架的記號。

·聖靈在我們的軟弱中幫助我們·

羅馬書七章14至25節

14我們原曉得律法是屬乎靈的，但我是屬乎肉體的，是
已經賣給罪了。15因為我所做的，我自己不明白；我所願
意的，我並不做；我所恨惡的，我倒去做。16若我所做
的，是我所不願意的，我就應承律法是善的。17既是這
樣，就不是我做的，乃是住在我裏頭的罪做的。18我也
知道，在我裏頭，就是我肉體之中，沒有良善。因為，立
志為善由得我，只是行出來由不得我。19故此，我所願
意的善，我反不做；我所不願意的惡，我倒去做。20若
我去做所不願意做的，就不是我做的，乃是住在我裏
頭的罪做的。21我覺得有個律，就是我願意為善的時
候，便有惡與我同在。22因為按著我裏面的意思，我是
喜歡上帝的律；23但我覺得肢體中另有個律和我心中
的律交戰，把我擄去，叫我附從那肢體中犯罪的律。
24我真是苦啊！誰能救我脫離這取死的身體呢？25感謝上
帝，靠著我們的主耶穌基督就能脫離了。這樣看來，我以
內心順服上帝的律，我肉體卻順服罪的律了。

當我們發覺，要跟隨上帝的旨意，需要不斷努力，不

要感到奇怪。我們被贖的那台戲在今生永遠都不會完成：聖靈和肉體繼續朝不同方向拉扯，那張力直達我們存有的核心。而那了不起的事情是，這是好的，它增強我們對上帝在我們心裏的工作的倚賴。我們必須不斷回到我們在上帝的話中找到的內在喜悅。這是我們最內在的自我對聖靈能力的見證。保羅指出上帝不單透過救贖我們的耶穌基督工作，在第八章開頭，他也介紹聖靈，「在耶穌基督裏面的生命之靈」（按原文直譯），祂繼續在我們裏面，並為我們禱告（羅八 26~30）。因為萬物都互相效力，叫愛上帝的人得益處。

因此，我們應該愈來愈謙卑，愈來愈願意透過耶穌基督感恩地轉向上帝，而不是感到自我討厭或憎恨。關於甚麼——聖靈還是罪——才是我們生命中的主宰力量的測試，只是我們有沒有以上帝的律法為樂。

·由聖靈帶領並辨別那帶領的果子·

前面幾段經文讓我們看到那幅大圖畫，在基督裏的生命的動力，作為我們需要在裏面辨別諸靈和上帝的旨意的背景。最後這段經文來自加拉太書，提出我們可以藉以辨別上帝的旨意的特定條件。

加拉太書五章16至26節

16我說，你們當順著聖靈而行，就不放縱肉體的情慾了。
17因為情慾和聖靈相爭，聖靈和情慾相爭，這兩個是彼
此相敵，使你們不能做所願意做的。18但你們若被聖靈引
導，就不在律法以下。19情慾的事都是顯而易見的，就如
姦淫、污穢、邪蕩、20拜偶像、邪術、仇恨、爭競、忌恨、惱
怒、結黨、紛爭、異端、21嫉妒、醉酒、荒宴等類。我從前告
訴你們，現在又告訴你們，行這樣事的人必不能承受上帝
的國。22聖靈所結的果子，就是仁愛、喜樂、和平、忍耐、
恩慈、良善、信實、23溫柔、節制。這樣的事沒有律法禁
止。24凡屬基督耶穌的人，是已經把肉體連肉體的邪情私
慾同釘在十字架上了。25我們若是靠聖靈得生，就當靠聖
靈行事。26不要貪圖虛名，彼此惹氣，互相嫉妒。

這裏有很多可供思想的地方。保羅開始時對比聖靈作為我們藉以行走的東西；肉體的欲望使人分心，但這裏的含義是它們不能帶我們到任何地方！它們只是自我滿足。第二點是，與我們已經看到的一致，跟隨聖靈的路，或者滿足祂的渴望，最終是做我們真正想做的事——本身是危險的準則，但卻是有指導性的觀察：我們真正希望甚麼？

為一些事情祈禱時，以想望上帝開始，盡量察覺想望

上帝怎樣可以成為我們整個存有的渴望，往往是有啟發性的練習。然後看我們可能有的其他願望怎樣。它是很有用的練習，可以將事情置於恰當的關係和比例中。我們這樣做，作為忠心地實踐靈閱的一部分這個事實，是對抗自欺的重要糾正，但也是鼓勵，聖靈會引導我們認識真理。

聖靈果子的清單之前，有肉體的工作這更可怕的清單。我們需要記得，保羅所指的肉體是人類的本性，是沒有被聖靈賦予生命，未被基督救贖的人類生命。這清單描述頗為根深柢固的問題，這些問題妨礙我們的存有完全向聖靈開放。在最深的地方，我恐怕它們傾向殺死聖靈的生命，令我們的心向上帝封閉。

這些問題不是果子清單的相反。但如果我們要想一張與聖靈的果子相反的清單，我們有一張清單是描述一個令人沮喪地熟悉的世界：憎恨、絕望、暴力、沒有耐性、不仁慈、小器、不忠、剛硬、缺乏自制！這是我們的屬靈環境被污染的方式。我們應該問污染的源頭是甚麼。我們自己需要負多大責任？

相反，聖靈果子的清單給予正面的診斷。我們應該因它們而高興，看到邪惡怎樣可以被善所勝。任何應許能夠使這些生命質素繁盛的行動都很可能令聖靈能夠繁盛。

細想

或許我們某程度上可以這樣區分辨別和細想：辨別是考慮我生命中的靈的運動，上帝的靈和我自己的被其他推動來源吸引或對它們的依附之間的拉力產生的張力；另一方面，細想是更大的考慮，思想上帝在我生命更大的環境和我周圍的世界做甚麼。辨別幫助我配合上帝的呼召；細想幫助我更忠心地為上帝作選擇。

·分辨時代的神蹟·

耶穌談及時代的神蹟。祂在回答猶太人要求祂以神蹟證明祂的宣稱。祂反對說，困難在於即使他們知道怎樣看，他們也不能分辨已經很明顯的神蹟。

馬太福音十六章1至3節

1法利賽人和撒都該人來試探耶穌，請他從天上顯個神蹟給
他們看。2耶穌回答說：「晚上天發紅，你們就說：『天必要
晴。』3早晨天發紅，又發黑，你們就說：『今日必有風雨。』你
們知道分辨天上的氣色，倒不能分辨這時候的神蹟。」

法利賽人和撒都該人可以分辨一種神蹟，但卻不能分辨另一種；他們可以看到事情的物質意義，但卻看不到屬靈意義。這是我們藉著靈閱嘗試學習的。耶穌用來指「時代」的詞是 *kairoi*，意思是重要的時刻，作決定的時候；在新約它包含根據上帝的行事節奏和步伐，而不是時鐘的意思。在平行的版本中，路加（十二 54~56）以稍為不同的方式表達，耶穌說我們不能解釋現在的時間。我們需要能夠將現在理解為上帝的時間的一部分，而不單尋找現在處境的重要元素，作為上帝目的的顯示。要能夠解釋，表示能夠明白上帝的目的，祂對時機的感覺；這需要信心，以及對上帝的觀點的感覺。

事實上，在馬太福音中，耶穌說我們得到了一個神蹟，但卻忽略了。祂提到「約拿的神蹟」（十六 4）。我們可以有兩個方式理解這句令人困惑的話。我們可以視它為預言耶穌的受苦，好像約拿那樣，他三日三夜逗留在大魚的腹中。這是馬太福音十二章39節提出的意思。但它也可以指耶穌傳道的職事。約拿傳講上帝對尼尼微的審判，而那些人悔改，並且得到赦免。這是馬太福音十二章38至42節和路加福音十一章29至32節要表達的意思。兩個意思與細想我們自己的時代都是相關的。因為我們需要看到上帝對我們社會的審判，預備好號召公義，以及見證上帝的憐憫和祂預備好赦免。我們也需要預備好在世界很多苦難的逾越節模式中找到盼望，嘗試確保它不是沒有果效的，而是可以成為通往復活和新生命的路。

在新約很多地方，*kairos*這個詞都用來指時間的完滿，救贖的時間（可一 15）。例如：耶穌被祂趕出的鬼責備，說祂在適當時候以前來到（太八 29）。我們需要問和為之祈求的問題，是我們怎樣蒙召令耶穌同在，並在今天成為救贖的源頭。那會是我們對約拿的神蹟的回應。

·盡量善用時間·

辨別時代或聖靈，應該自然地在決定中表達出來。耶穌對我們需要作的選擇可以頗為明確。祂沒有拒絕任何人，但卻挑戰所有人。說祂的軛是容易，祂的擔子是輕省（太十一 28~30）的同一位耶穌，也說引向生命的路是窄的，只有很少人找到（太七 13~14）。

以弗所書五章8至11節、15至17節

8從前你們是暗昧的，但如今在主裏面是光明的，行事為
人就當像光明的子女。9光明所結的果子就是一切良善、
公義、誠實。10總要察驗何為主所喜悅的事。11那暗昧無益

的事，不要與人同行，倒要責備行這事的人……
[15]你們要謹慎行事，不要像愚昧人，當像智慧人。[16]要愛惜
光陰，因為現今的世代邪惡。[17]不要作糊塗人，要明白主的
旨意如何。

靈閱是我們找到上帝的話語投下的光的方法（詩一一九 105）。在細想中，我們將自己的生命帶到那話語的光中。禱告幫助我們發現甚麼能討主喜悅。在這裏，保羅提出討主喜悅的三個基本條件：良善、正確和真實。

真理是聖經一個很大的觀念——但我們至少從誠實開始，特別是個人正直這更深刻的含義。我們過著支離破碎的生活，現代文化很多衝動都鼓勵零碎這個觀念。禱告有時是惟一使我們恢復整合的地方，有時是緩慢和痛苦的過程。它教導我們——或許和任何事情同樣好地——真理是一種生命質素，我們在與上帝面對面時發現，它是我們生命的來源和支持者，我們在其中生活和動作並存留（徒十七 28）。因為聖經教導我們，真理是上帝的基本品格；它表達祂的信實和委身於創造；它通常連繫到指祂的慈愛的希伯來詞語。所以，真理是我們在默想上帝的話中遇到的東西，它包含我們與上帝和與整個創造的完整關係。它應該邀請我們思想一些敏銳的問題！

在新約，特別是約翰福音，真理有人的品質：耶穌是道路、真理、生命（約十四 6）。聖靈帶領我們進入一切的真理（約十六 13）。真理在這最豐富的意義下，是我們認識的東西，因為我們讓耶穌的話令我們成為上帝的真實的一部分。它使我們與上帝自己對人的憐憫和信實交往。

·來跟從我·

或許我們需要作的選擇中，最重要的一面是召命，學習在聆聽耶穌呼召我們跟隨祂時辨別聖靈。

馬可福音十章17至22節

17耶穌出來行路的時候，有一個人跑來，跪在他面前，問
他說：「良善的夫子，我當做甚麼事才可以承受永生？」
18耶穌對他說：「你為甚麼稱我是良善的？除了上帝一位
之外，再沒有良善的。19誡命你是曉得的：不可殺人；不可
姦淫；不可偷盜；不可作假見證；不可虧負人；當孝敬父
母。」20他對耶穌說：「夫子，這一切我從小都遵守了。」
21耶穌看著他，就愛他，對他說：「你還缺少一件：去變賣
你所有的，分給窮人，就必有財寶在天上；你還要來跟從
我。」22他聽見這話，臉上就變了色，憂憂愁愁地走了，因

為他的產業很多。

所有符類福音都講述這個故事；馬可添加耶穌看著那年青人便愛他這個細節。祂可以看到這個人的善意。他的問題不是他做了甚麼錯事，也不是他沒有做甚麼善事。他缺乏的或許是主的愛、慷慨，願意不根據這個世界，而是根據天上的財寶來思想這種自發性。

這是對我們所有人的挑戰。思想我們應該做甚麼，甚麼是對和好的，需要帶領我們超越平常意義的道德規則。這給我們空間在容許的範圍內做我們喜歡的事情。耶穌邀請我們根據我們對別人的委身，最重要的，是根據對祂的委身來模塑我們的生命。愛沒有界限（比較林前十三8）：整段經文的美即時鼓勵我們，但它也必須挑戰我們。

故事以耶穌邀請人們作門徒，以及物質可以妨礙人們跟隨耶穌這個嚴厲的教訓結束。甚至那些放棄一切跟從耶穌的門徒，都因為懷疑有沒有人可以得救而感到沮喪。對此，耶穌的回答是我們需要完全倚靠上帝的恩典（可十 27），這教導我們真正的困難是我們對保障、自主、自義那根深柢固的需要。我們考慮耶穌怎樣呼召我們跟隨祂時，需要懷著禱告的心思想這些事情。

·事奉的力量·

門徒顯然不明白那信息。耶穌告訴他們自己即將受苦和受死時，他們卻在爭論地位和賞賜。諷刺的是，他們的遲鈍可以是我們的鼓勵：需要很長時間才能夠明白十字架對我們主的生命的重要性，更不要説明白它對我們生命的重要性。主的回應很有啟發性：

馬可福音十章41至45節

41 那十個門徒聽見，就惱怒雅各、約翰。42 耶穌叫他們來，
對他們說：「你們知道，外邦人有尊為君王的，治理他們，
有大臣操權管束他們。43 只是在你們中間，不是這樣。你們
中間，誰願為大，就必作你們的用人；44 在你們中間，誰願
為首，就必作眾人的僕人。45 因為人子來，並不是要受人的
服事，乃是要服事人，並且要捨命作多人的贖價。」

我們必須讓耶穌教導我們對權力、愛的力量，而不是強力的力量有全新的取向；來自讓上帝透過我們工作的力量，而不是以為我們可以靠自己的資源而做。在這個背景下，我們或許也需要放棄任何對愛的意義的浪漫觀念；它表示讓路給別人，向別人伸出援手，服事別人。

路加將耶穌這段話放在最後晚餐中（路二十二24~27），他脫去外衣，扮演奴僕，為門徒洗腳。那環境的艱苦提醒我們，我們跟隨耶穌，不是藉著仿效十字架和復活的大戲劇，而是藉著將自己放在有需要的人腳旁。

·相信我·

或許在更基本的層面，我們需要學習相信上帝。在約翰福音中，耶穌一再要求我們相信祂（例如約十四1）；那是作門徒的絕對基礎。以下這段來自馬太福音的經文幫助我們探討這個困難：

馬太福音六章25至34節

25「所以我告訴你們，不要為生命憂慮吃甚麼，喝甚麼；為
身體憂慮穿甚麼。生命不勝於飲食嗎？身體不勝於衣裳
嗎？26你們看那天上的飛鳥，也不種，也不收，也不積蓄在
倉裏，你們的天父尚且養活牠。你們不比飛鳥貴重得多嗎？
27你們哪一個能用思慮使壽數多加一刻呢？28何必為衣裳憂
慮呢？你想野地裏的百合花怎麼長起來；它也不勞苦，也
不紡線。29然而我告訴你們，就是所羅門極榮華的時候，他

**所穿戴的，還不如這花一朵呢！30你們這小信的人哪！野地
裏的草今天還在，明天就丟在爐裏，上帝還給它這樣的妝
飾，何況你們呢！31所以，不要憂慮說，吃甚麼？喝甚麼？穿
甚麼？32這都是外邦人所求的。你們需用的這一切東西，你
們的天父是知道的。33你們要先求他的國和他的義，這些
東西都要加給你們了。34所以，不要為明天憂慮，因為明天
自有明天的憂慮；一天的難處一天當就夠了。」**

在這裏，耶穌對比我們對物質的焦慮，以及真正和持久重要的事物（上帝的國和祂的義）。耶穌不單提醒我們，我們生命的真正優先次序，也邀請我們，看我們失去視角是怎樣源自焦慮——擔心令我們看不見真理。我經常發現靈閱讓我明白我對很多事情感到多麼擔心，但實際上只有一件事情是重要的（路十 42）。耶穌更進一步，嘗試讓我們看到，我們根本不需要擔心，因為上帝關心我們。我們焦慮顯示我缺乏信任；缺乏盼望令我沒有勇氣，不能讓聖靈除去我的恐懼，以上帝的愛取而代之。在這裏，靈閱可以給我們幫助，不是因為我閱讀和默想的內容，而是因為它給我機會回到一個地方，我可以在那裏聆聽耶穌向我保證，並單為了友誼而與我分享祂的靈。

為了鼓勵我們，耶穌邀請我們觀看。還有甚麼比這更簡單？但按事情的本相，而不是按我們的期望或恐懼看事

情是多麼困難！我們對事物作出甚麼假設？我們有多預備好從事情的方式有所學習？我們按自己的形像模塑對現實的感覺，而不是讓它教導我們事情是怎樣的，包括我們自己；我們在上帝手中總是怎樣的。我們從這裏可以知道的一切，就是認識百合花和空中的飛鳥，但卻看不到它們，發現不到我們與它們的團契，以及上帝令它們存在，令我們能夠看見的創意。或許這是意識的轉化，是我們如果要明白上帝時代的神蹟，好像祂為我們那樣為別人時所需要有的。

那意識的轉化的一大部分是學習活在現在，而不是讓我們的思想受到過去記憶的非現實，以及關於將來的幻想困擾。現在是我們和上帝身處的地方。它是我們會發現與上帝團契的豐富和為祂而活的喜樂的地方。

我認為這段經文持久的美在於它怎樣使我們放鬆，選擇上帝。如果放手總是容易便好了！

·堅持目標·

腓立比書三章8至15節

[8]不但如此，我也將萬事當作有損的，因我以認識我主基督耶穌為至寶。我為他已經丟棄萬事，看作糞土，為要

得著基督；9並且得以在他裏面，不是有自己因律法而得
的義，乃是有信基督的義，就是因信上帝而來的義，10使
我認識基督，曉得他復活的大能，並且曉得和他一同受
苦，效法他的死，11或者我也得以從死裏復活。12這不是
說我已經得著了，已經完全了；我乃是竭力追求，或者可
以得著基督耶穌所以得著我的。13弟兄們，我不是以為
自己已經得著了；我只有一件事，就是忘記背後，努力面
前的，14向著標竿直跑，要得上帝在基督耶穌裏從上面
召我來得的獎賞。15所以我們中間，凡是完全人總要存這
樣的心。

那呼召是「向上」；不單是在地上跟隨耶穌，也要在天上與祂聯合。那表示預備好為了真正重要的事情，「得著基督」的「賞賜」而放棄一切。

正如在基督徒生命中往往在「現在」和「仍未」，在我們的信心保證的拯救和需要將信心付諸實踐，永遠與基督一起這最後的保證之間有張力。我們屬於基督，但我們仍未完全屬於祂；我們仍未「在祂裏面被找到」，就好像尋找我們的人實際上找到耶穌！我們仍未完全活出祂的生命，雖然保羅警告我們，這表示分擔祂的苦難，作為分享祂的復活的一部分。

這是基督徒生命的目標，完滿的基督徒生命，信心完全在行動中實現。這是我們最後一章的主題。

第六章：靠聖言而活

聖本篤以這個指示開始他給修士的守則：「我兒，聆聽主人的話，側起你內心的耳朵；樂意接受慈愛的父的勸告，並忠心地實行它，以致藉著服從的勞苦，你可以回到祂那裏，你因為不服從的怠惰而離開了祂。」這個序言繼續提出修士的生命作為對聖經的持續回應（序言 8~10）：「那麼，讓我們最終起來，好像聖經以這句話喚醒我們：『是時候讓我們從睡夢中起來』（按原文直譯），打開我們雙眼看神聖的光，讓我們以驚訝的耳朵聆聽神聖的聲音每天向我們發出的指示：『今天你若聽祂的聲音，就不要硬著心。』（按原文直譯）」在導論中，這本書開始思想守則怎樣將神聖的聲音理解為邀請我們發現真正的生命，這個邀請是向每個願意聆聽的人發出的。接受邀請就是在我們生命中實行方向的徹底改變，活出生命的新方式。修士跟隨我們的主，祂藉著福音帶領我們（序言 21）：「讓我們以信心和遵守好行為束腰，讓我們在福音的帶領下沿著祂的路走，以致我們配看到那呼召我們進入祂的國的一位。」聖本篤結束他的序言時，介紹修道院作為學校，讓人們學習這樣做，讓上帝的話可以付諸實行這個觀念。藉著這種他設想的生活方式，雖然可能包括某種嚴厲，但主要是個人成長和快樂，向開始沿著這條路走的人最終的榮耀盼望：「藉著在我們生命的道路和在信心中成長，以及我們的心放大了，我們可以沿著上帝誡命的路走喜悅那難以形容的甜蜜；以致永不偏離祂的權威，在修道院保存祂的教導，直到死去；我們可以藉著我們的耐性分擔基督的苦難，以致我們可以配得分享祂的國度」（序言 49~50）。

如果我們忠於靈閱，花在聖經上的時間會是發展個人與上帝的關係的時間，而這關係成了我們生命最重要的事情；事實上，它會幫助我們找到生命的路。它也會幫助我們成長，在真正人性的意義上找到滿足。

這最後一章不是關乎怎樣實行靈閱，而更多是關乎它對我們做甚麼。我們在結束前應該考慮的其中一件事，是看聖經關於這個成長過程和我們的目標給予的一些提示。這可以視為在基督徒生命中心的德行在我們裏面發展，也就是信心、盼望和慈善的德行。我們也同樣應該根據我們藉著恩典分享三位一體的生命來看它；因為我們在神聖生命中找到我們的滿足，我們藉著教會聖禮的生命開展這神聖生命。不過，這個成長和滿足的模式，需要按它與整個改變的過程的關係來理解。這個過程在上帝預備我們與整個創造一起在新天新地中實現這改變時發生。這些是相當廣闊的視角，但我肯定它們對理解由耶穌基督的復活和我們被祂救贖觸及的生命是相關的。

我們深入與上帝的話交往時，我們是與藉以創造一切的話交往；創造的話是使我們存在的愛的話。創造的話也是再創造的話，拯救的話，更新一切事物，真正表達上帝在國度中的榮耀的話，我們渴求的正是這國度，努力準備的也是這國度。

所以，如果我們以靈閱反覆灌輸的方法藉著那話語而活，我們所跟隨的門徒之路，便會是主透過我們接觸世界的路。我們辨別出來聖靈的同在，我們也尋求在自己的生命中回應祂，祂也能夠透過我們繼續救贖的工作，令新的創造誕生。我們說那話語是有生命和活躍時，正如如果我們在靈閱中禱告便必須相信那樣，我們不單表示那話的能力限制在我們心裏。沒有甚麼可以限制聖靈的能力。不過，我們對那話語的服從，開放我們的生命，作為聖靈的途徑，幫助我們成為上帝恩典的器皿，讓上帝可以實現祂充滿愛的目的。

我們裏面的改變令世界改變。聖經包含很多經文，經文期待和有助以盼望模塑我們的想像。舊約和新約那些崇高的天啟經文，它們雖然神祕，需要更多研究，我們才能夠正確地與它們接合，但它們同樣可以幫助我們，在我們的日子裏，預期上帝怎樣尋求帶來祂的新創造。

這是構成這一章的主要部分的大圖畫，關於它，我們可以明白在我們裏面成長和實現的過程。這個過程包含兩面。一面是人，成長為成熟的人的過程。保羅、雅各和彼得的書信有很多經文描述發展更完滿的基督徒品格的成長過程。另一面從上帝的角度看，是我們靠著恩典成長為更深入地參與三位一體的生命。這個主題在約翰福音中特別重要。

每天與上帝的話語接觸，並與聖靈交往，會藉著恩典帶領我們進入三位一體生命的動力，令我們變成成熟的基督徒，有在基督裏完全的身量。這是非凡的事實，人們了解得太少。但靈閱或許比任何事物都更能夠幫助我們學習怎樣在神聖生命中被信心抓住。聖子是聖父的聖言，由聖父說出；聖子的存在是愛，回應聖父生出聖子的愛。聖父以聖靈的氣息說出祂的話語，聖靈自己棲居在聖子裏面，聖子對祂來說也是生命的氣息。聖靈這恩賜是完全免費的，在愛中向上帝所造的一切傾出。它不能困在自己裏面。在靈閱中，我們藉著配合默示聖經的聖靈聆聽聖言；同一位聖靈也藉著信心住在我們心裏，使我們的靈能夠以信心、盼望和愛回應我們聽到的救恩的話。向我們說話的聖言成了我們自己心裏的聖言，使我們與是我們生命的主聯合。在我們與上帝的聖言團契時，藉著聖靈的能力，我們分享耶穌自己的兒子身分，能夠稱上帝為我們的父，好像耶穌那樣。當然，這個過程可以比作聖禮的恩典；但基督徒對事物、話語和聖禮的理解是一起並進的。

新天新地

因此，我們閱讀聖經，幫助我們明白上帝帶來新創造時在做甚麼。我們閱讀聖經藉以在這重大的轉化過程中再發現自己；我們甚至可能開始明白我們蒙召扮演的角色。

耶穌談及新生命。我們只有連繫到耶穌對上帝國所說的話才能夠明白祂的意思；祂應許新創造會從上帝對這個我們視為理所當然的世界的審判中來到。但耶穌談及的國度，祂實際上現在就令它存在；雖然它仍然是隱藏的，但卻已經在生長。它是要透過認識耶穌來發現的。在幾個比喻中，我們都得到這個印象。

馬可福音四章26至29節、30至32節

26又說：「上帝的國如同人把種撒在地上。27黑夜睡覺，白日
起來，這種就發芽漸長，那人卻不曉得如何這樣。28地生五
穀是出於自然的：先發苗，後長穗，再後穗上結成飽滿的子
粒；29穀既熟了，就用鐮刀去割，因為收成的時候到了。」
30又說：「上帝的國，我們可用甚麼比較呢？可用甚麼比喻表
明呢？31好像一粒芥菜種，種在地裏的時候，雖比地上的百

種都小，[32]但種上以後，就長起來，比各樣的菜都大，又長出大枝來，甚至天上的飛鳥可以宿在它的蔭下。」

這兩個比喻提醒我們，我們在其中閱讀聖經和以聖經為糧的大圖畫。靈閱使我們能夠有的改變過程也是漸進的過程，這個改變的過程很容易被我們忽略。但無論聖靈在哪裏工作，哪裏就有生命，而生命總是朝向生長。我們不知道怎樣，但我們可以對在我們心裏工作那不會失敗的能力有信心和盼望。

每當靈閱模塑我們的生命，我們便可以肯定聖靈在我們裏面工作，並透過我們工作，改變世界。我們可能被自己的不重要嚇怕，但一切都不倚靠種子的物質等級，只是在於在它裏面工作那賜生命的力量。我們必定不能低估上帝能夠透過我們所做的事。

哀傷變為喜樂

這個對國度那隱藏的現實的洞見，表示耶穌能夠以積極的方式談及跟隨祂的人的苦難。由於有些人憎恨真理和逼害尋求以真理而活的人，跟隨耶穌的人無可避免地要受苦。但我們的苦難並非只是損失。在符類福音中，在受苦的故事之前，記載了耶穌談及世界的結束；那時受苦是無可避免的，但在未時上帝的計劃之內，祂審判世界的方式是為了救贖那些忠心的人。在路加的版本中，信心的語調是最強的：「一有這些事，你們就當挺身昂首，因為你們得贖的日子近了。」（路二十一 28）「你們常存忍耐，就必保全靈魂。」（路二十一 19）約翰的福音避免這敍事那些生動的細節，我們需要根據猶太的天啟著作來理解這些細節。相反，約翰用了生孩子的比喻：「我實實在在地告訴你們，你們將要痛哭、哀號，世人倒要喜樂；你們將要憂愁，然而你們的憂愁要變為喜樂。婦人生產的時候就憂愁，因為她的時候到了；既生了孩子，就不再記念那苦楚，因為歡喜世上生了一個人。」（約十六 20~21）

這些是給我們這些經常發覺自己的信心和盼望受考驗的人有盼望的視角。保羅以同一方式說話，但更深刻地使用生孩子的比喻來描述那新創造。

羅馬書八章18至25節

18我想，現在的苦楚若比起將來要顯於我們的榮耀就不足
介意了。19受造之物切望等候上帝的眾子顯出來。20因為受
造之物服在虛空之下，不是自己願意，乃是因那叫他如此
的。21但受造之物仍然指望脫離敗壞的轄制，得享上帝兒
女自由的榮耀。22我們知道一切受造之物一同歎息、勞苦，

直到如今。[23]不但如此，就是我們這有聖靈初結果子的，也是自己心裏歎息，等候得著兒子的名分，乃是我們的身體得贖。[24]我們得救是在乎盼望；只是所見的盼望不是盼望，誰還盼望他所見的呢？[25]但我們若盼望那所不見的，就必忍耐等候。

重要的是我們要承認我們受苦的感覺、我們的失望和挫折；我們需要學習它們與我們對上帝的渴望和祂的應許並非不一致，它們只是我們渴望那不可避免的陰影。矛盾的是保羅看到，甚至我們的不滿，在轉化的過程都有角色要扮演。靈閱可以教導我們怎樣讓這一切變成渴望和盼望。

我們對我們世界的將來，以及自己和我們所愛的人的焦慮，也是我們應該在靈閱中讓它們浮現出來的東西。焦慮是愛和關心的標記，是能量的美麗來源，也需要救贖和轉化，重新聚焦在上帝透過我們的生命帶來的世界上。

基督徒品格的成長

現時的受苦不單是要耐心地忍耐的事情；它們也正面地影響我們的個人成長。

羅馬書五章1至5節

[1]我們既因信稱義，就藉著我們的主耶穌基督得與上帝相
和。[2]我們又藉著他，因信得進入現在所站的這恩典中，並
且歡歡喜喜盼望上帝的榮耀。[3]不但如此，就是在患難中
也是歡歡喜喜的；因為知道患難生忍耐，[4]忍耐生老練，老
練生盼望；[5]盼望不至於羞恥，因為所賜給我們的聖靈將
上帝的愛澆灌在我們心裏。

保羅心目中有的，遠遠不單是一間「肌肉發達的基督教」學校！我們在這個世界面對的挑戰，不單令我們堅強。保羅邀請我們發現盼望，和由上帝賜下、對盼望的感覺，一種力量的來源，因為它的力量來自對上帝的愛的認識，來自對在我們裏面工作的聖靈的認識。最重要的，是保羅邀請我們發現和平，加在聖靈所有恩賜上面的恩賜。

也就是說，保羅相信無論我們要忍受甚麼苦難，苦難都是我們進入逾越節動力的方式，上帝藉此從死亡中帶來新生命。這動力對我們信心的奧祕是十分重要的，能夠在靈閱中懷著禱告的心思想這點是一件偉大的事。那是我們可以開始學習「現在活著的不再是我，乃是基督在我裏面活著」（加二 20）的方法。

參與神聖的本性

作為前面一段的結論，我們最好花一些時間研究以下一段引文，它將模塑我們人類品格和令我們分享神聖生命的恩典的生命連繫起來。

彼得後書一章3至8節

3上帝的神能已將一切關乎生命和虔敬的事賜給我們，皆因我們認識那用自己榮耀和美德召我們的主。4因此，他已將又寶貴又極大的應許賜給我們，叫我們既脫離世上從情慾來的敗壞，就得與上帝的性情有分。5正因這緣故，你們要分外地殷勤；有了信心，又要加上德行；有了德行，又要加上知識；6有了知識，又要加上節制；有了節制，又要加上忍耐；有了忍耐，又要加上虔敬；7有了虔敬，又要加上愛弟兄的心；有了愛弟兄的心，又要加上愛眾人的心。8你們若充充足足地有這幾樣，就必使你們在認識我們的主耶穌基督上不至於閒懶不結果子了。

從上帝的話中重生

新生命包含重生。耶穌明確表示新酒不能放進舊皮袋（可二 21~22)。在與尼哥德慕的談話中，耶穌說我們需要由聖靈從上頭重生(約三 5)，新約幾處地方都談及透過上帝的話重生。有些已經在這本書的導論中提出。

彼得前書一章22至25節

22你們既因順從真理，潔淨了自己的心，以致愛弟兄沒有虛
假，就當從心裏彼此切實相愛。23你們蒙了重生，不是由於
能壞的種子，乃是由於不能壞的種子，是藉著上帝活潑常
存的道，24因為「凡有血氣的，盡都如草；他的美榮都像草
上的花。草必枯乾，花必凋謝；25惟有主的道是永存的。」
所傳給你們的福音就是這道。

我們已經看過聖經怎樣圍繞耶穌模塑一個新羣體。聆聽他們，聆聽祂在他們當中的聲音，不單是學習我們需要做甚麼。首先，那是重造我們的心，一種新生。彼得在這裏談及在愛中潔淨和成長。靈閱是一個緩慢的過程，需要花很長時間，好像懷孕和生育，因為基督的新生命要在我們內心和思想中形成。

雅各書一章16至18節

[16]我親愛的弟兄們，不要看錯了。[17]各樣美善的恩賜和各
樣全備的賞賜都是從上頭來的，從眾光之父那裏降下來
的；在他並沒有改變，也沒有轉動的影兒。[18]他按自己的
旨意，用真道生了我們，叫我們在他所造的萬物中好像
初熟的果子。

靈閱幫助我們正確看待我們的生命。最終，重要的視角是在以上帝為我們的父，並為整個造物負責中看我們自己。雅各在這裏似乎想到詩篇八篇，以及以亞當為創造之首，他自己由上帝賜予生命。

如果我們要以同樣方式看自己，我們需要學習珍惜我們的恩賜，視它為上帝給我們的恩賜，反映祂自己的完美。或許我們需要學習的最困難事情是以生命作為恩賜，為它而感恩；我們在學習令生命成為別人的恩賜中發現生命的意義。這種看事物的新方式是聖靈在我們心裏的工作。

基督長成的身量

新約談及的重生是特別重生進基督裏。我們活的新生命

是基督的新生命，我們在祂裏面，祂在我們裏面。信心的生命不單是關於人類的成熟。它是一個過程，我們藉以愈來愈有基督的形像，祂完滿地活出人類的生命。

以弗所書四章13至16節

[13]直等到我們眾人在真道上同歸於一，認識上帝的兒子，
得以長大成人，滿有基督長成的身量，[14]使我們不再作小
孩子……[15]惟用愛心說誠實話，凡事長進，連於元首基
督，[16]全身都靠他聯絡得合式，百節各按各職，照著各體
的功用彼此相助，便叫身體漸漸增長，在愛中建立自己。

這是我們藉著靈閱嘗試進入的生命；不單嘗試明白在恩典的領域中有甚麼事情發生，我們也尋求聆聽基督，將祂的話帶到我們生命中，好像祂那樣思想和行動。靈閱幫助我們藉著祂的生命變得強壯。信仰尊重我們的自由；正因為這樣，這生命是建基於我們對上帝向我們這些自由的人所說的話的理解和以愛接受。我們接受祂的話作為我們生命的糧時，那話的神聖力量便可以在我們的思想和心裏工作，令我們分享我們聽到的生命。

植根和建基於祂

以下一段經文的比喻可以令人想起耶穌使用樹來比喻信心。它始於好像芥菜種那樣小，但卻成長為最大的樹木，小鳥也在它的樹枝棲居。另一個比喻是葡萄樹（約十五章）。耶穌是葡萄樹，我們是枝子，聖靈是在其中流動的汁液，使我們在基督裏聯合起來，令我們的生命結果子。我們人類的成長不單由上帝的話模塑，也由聖靈模塑。賜生命的靈是將上帝有生命的話語賜給我們的聖靈。

以弗所書三章14至19節

[14]因此，我在父面前屈膝，（[15]天上地上的各家，都是
從他得名）[16]求他按著他豐盛的榮耀，藉著他的靈，叫
你們心裏的力量剛強起來，[17]使基督因你們的信，住
在你們心裏，叫你們的愛心有根有基，[18]能以和眾聖徒
一同明白基督的愛是何等長闊高深，[19]並知道這愛是
過於人所能測度的，便叫上帝一切所充滿的，充滿了
你們。

保羅有幾段經文都發展這種思路。例如：我們可以比較歌羅西書一章9至12節。他經常談及知識、洞見和其他

理智的觀念，作為我們在信仰中成長的標記。他並非表示身為基督徒是關乎知道很多事情，或者是聰明人。他表示我們需要有智慧，需要明白上帝的事情。這種智慧從來都不是抽象的東西；它是有能力從上帝的角度看事物；最重要的是，有那種先知的理解，能夠「深入看」我們的情況，辨別上帝的手。或許會看到祂的手帶來新創造，或者在審判中舉起，或者伸出來醫治和引導。無論如何，它都會涉及能夠留意事物和人，特別是人，在其他情況下他們會被遺忘。而它總能夠懷著愛看見。

這種智慧是靈閱的果子，因為那是我們學習明白上帝的方法，以及在救恩故事中看我們的世界的方法。

看主的榮耀

在給哥林多人的第二封信中，保羅強調聖靈怎樣是全面明白聖經的來源。保羅比較基督徒閱讀上帝的話和舊約的人閱讀上帝的話。摩西與上帝面對面說話後從西奈山下來時，以色列人不能看他的面；他需要將面蒙上。同樣，他們讀聖經，彷彿它的意思被蒙上。因為他們沒有根據信心的光，耶穌基督的光明白聖經。聖靈能夠將聖經的全部意義傳達給那些轉向祂的人。

哥林多後書三章12至18節

12我們既有這樣的盼望，就大膽講說，13不像摩西將帕子
蒙在臉上，叫以色列人不能定睛看到那將廢者的結局。14
但他們的心地剛硬，直到今日誦讀舊約的時候，這帕子還
沒有揭去。這帕子在基督裏已經廢去了。15然而直到今日，
每逢誦讀摩西書的時候，帕子還在他們心上。16但他們的
心幾時歸向主，帕子就幾時除去了。17主就是那靈；主的靈
在哪裏，那裏就得以自由。18我們眾人既然敞著臉得以看
見主的榮光，好像從鏡子裏返照，就變成主的形狀，榮上
加榮，如同從主的靈變成的。

這段了不起的經文教導我們，以信心理解聖經為上帝給我們的話語怎樣帶給我們自由。它令我們在聖子裏成為上帝的兒女，那話語模塑我們的理解。頗為令人驚奇的，是保羅沒有形容帕子蓋在聖經上面（正如那比喻可能暗示那樣），而是蓋在我們心上。由於我們都讀同一本聖經；分別在於我們身上，在於可供我們理解的資源。信心表示我們心裏的聖靈能夠幫助我們解釋我們所讀的內容的真正意思。然後，聖靈便在我們裏面工作，作為我們自由的源頭，因為祂成了我們自己生命的原則。

最後一節發展摩西的類比。和他不同，我們的面沒有

被蒙上；靈閱是我們與上帝面對面談話，但由於我們以信心閱讀，我們的面可以反映上帝榮耀的光。我們應該將聖經的真理在我們生命中反映。保羅發展人的本性被模塑成上帝的形像這個觀念，而我們只能夠好像在鏡子中看上帝，他認為我們與上帝愈來愈親近和相似，並反映上帝的榮耀為別人可以看見的光。

瓦器中的寶貝

似乎好得不可能是真實的！保羅十分明白我們仍然是平凡、軟弱和會犯錯的凡人。但即使這樣也有幫助。我們永遠都不能忘記我們倚靠上帝，沒有人應該有任何幻想。一切都是恩典。在同一封信之後不久，保羅繼續說：

哥林多後書四章7至12節

7我們有這寶貝放在瓦器裏，要顯明這莫大的能力是出於
上帝，不是出於我們。8我們四面受敵，卻不被困住；心裏
作難，卻不至失望；9遭逼迫，卻不被丟棄；打倒了，卻不
至死亡。10身上常帶著耶穌的死，使耶穌的生也顯明在我
們身上。11因為我們這活著的人是常為耶穌被交於死地，

使耶穌的生在我們這必死的身上顯明出來。[12]這樣看來，死是在我們身上發動，生卻在你們身上發動。

在聖靈的智慧中成長，永不容許我們感到自我膨脹；它是以我們的謙卑來衡量的。因為是我們對自己的誠實開放我們的心，接受只有上帝能夠給我們的東西；那總是恩賜，永遠都不是我們可以賺取或配得的。

這段經文也提醒我們，我們在靈裏成長為成熟的基督徒會好像耶穌的靈，這種成長是藉著十字架而有的。在屬靈的領域，成長是關乎出生、死亡和再生，透過轉化成長，而不單是發展和擴展。

住在耶穌的愛中

直到目前為止，我們研究的經文都幫助我們思想靈閱怎樣轉化我們，幫助我們在基督裏成長。在約翰福音，這個問題以一種不同的方式探討。在這卷最親密的福音書中，耶穌被介紹為以祂的話住在我們裏面，只要我們住在祂裏面，並靠祂說出的話而活。在這卷福音書的八章，較早時的幾個觀念被帶到一起。以下的引文沒有論證的細節，但那些細節也是值得我們全面地閱讀的。

約翰福音八章31至32節、37節下至38節、42至43節

[31]耶穌對信他的猶太人說：「你們若常常遵守我的道，就
真是我的門徒；[32]你們必曉得真理，真理必叫你們得以自
由。」…… [37下]「你們卻想要殺我，因為你們心裏容不下我
的道。[38]我所說的是在我父那裏看見的；你們所行的是在
你們的父那裏聽見的。」……
[42]耶穌說：「倘若上帝是你們的父，你們就必愛我；因為我
本是出於上帝，也是從上帝而來，並不是由著自己來，乃是
他差我來。[43]你們為甚麼不明白我的話呢？無非是因你們
不能聽我的道。」

正如祂較早時說，相信耶穌是基於聽到祂要說的話，表示認出那話是來自天父。這是明白祂要說的話。在這裏，耶穌補充一句切中要害的話，我們不明白，是因為我們不想明白；我們不能承受！我們是固執和硬心的。有時我們發覺聖經的話觸及我們人類的冷漠和忽略；它可以要我們面對我們的失敗和罪。但有時當它面對更硬心的人時，似乎沒有甚麼分別。在這裏，我們看到神聖恩典的奧祕，並需要承認禱告的重要性，上帝會打開人們內心的耳朵。事實上，任何人都可以有這樣的日子。我們為了自己也需要作出那個禱告。

但要聆聽和聽到、要明白，好像耶穌在這裏所說的那樣，就是讓祂的話在我們裏面找到它們的位置。它們可以自在地在我們裏面。那是雙向的過程。耶穌開始時談及我們在祂的話中繼續；「繼續」這詞的希臘語，也表示居住或棲居。祂的話是一個地方，我們應該以之為家。這雙向的過程是我們在靈閱中嘗試做的事情。這個觀念會在耶穌談到如果我們遵守祂的話，祂便會和祂的父及聖靈住在我們裏面（十四 23）時發展。聖言不單給我們新生，令我們與聖父建立關係；它也是與聖父和聖靈團契的源頭。

這裏的經文觸及這一點，耶穌談到真理使我們得自由。因為聖靈帶領那些聆聽耶穌的話的人進入一切真理中（十六 13）。

我們值得簡短地研究，約翰怎樣發展上帝的話語在我們與上帝的關係中佔中心地位這個觀念。上帝的話語不單是說出的話，而是耶穌自己。約翰在他的福音開始時正是這樣介紹基督給我們。將約翰所說的意譯出來的話，他說在時間開始之前，聖言在與上帝的關係中已經存在，而祂自己也是上帝；祂是所有創造、生命和光的源頭（約一 1~3）。這聖言成了肉身，住在我們中間，過人的生活（約一 14）。對那些接受祂的人，祂賜他們力量，透過認識天父（18 節）成為上帝的兒女（12 節）。

從這個意義來說，接受聖言，將那些相信耶穌的人，引入聖言從時間開始以前便與天父享受的同一樣關係中。我們是「在聖言中」。因此，耶穌向我們說的話，在重要的意義上是新生命的來源。

在三章與尼哥德慕的談話這個背景下，耶穌談及重生，或者從上頭而生（約三 3~4）。在這裏，重生是透過聖靈（6節），但它同樣倚靠接受耶穌說的話（11 節）。那含義是在接受耶穌的話時，聖靈給我們與天父建立關係的新生。因為在憑信心接受耶穌的話時，我們在聖言中重生。這本書較早時的幾章，只是嘗試解釋可以怎樣理解這點。在這裏，耶穌稱這為進入上帝的國。

在五章，約翰回到這個主題。這裏的背景更富爭辯性：在醫治了癱子後，耶穌與拒絕相信的猶太人爭辯。在爭論的中心是聖經的地位。你可以閱讀聖經，它為耶穌作見證，但你卻仍沒有在信心中來到耶穌面前（五 39），或者你聆聽祂的話並相信（五 24）。搜尋聖經並聆聽耶穌是出死入生。

約翰福音五章24節、37至40節

24我實實在在地告訴你們，那聽我話、又信差我來者的，就
有永生；不至於定罪，是已經出死入生了……
37差我來的父也為我作過見證。你們從來沒有聽見他的聲

> 音，也沒有看見他的形像。[38]你們並沒有他的道存在心裏；因為他所差來的，你們不信。[39]你們查考聖經，因你們以為內中有永生；給我作見證的就是這經。[40]然而，你們不肯到我這裏來得生命。

但與耶穌爭論的猶太人不能這樣做，因為他們沒有上帝的話語住在他們裏面。在六章在實行了餅的神蹟，以及耶穌說了關於生命的糧的話後，爭論隨即變得更尖銳，很多猶太人開始離開耶穌，彼得總結那些繼續相信的人的立場：「耶穌就對那十二個門徒說：『你們也要去嗎？』西門·彼得回答說：『主啊，你有永生之道，我們還歸從誰呢？我們已經信了，又知道你是上帝的聖者。』」（六 67~69）

這與靈閱理解的能力直接相關。因為在這樣閱讀聖經時，我們確實研究猶太和基督教的聖經，尋求來到耶穌那裏；我們這樣做，因為我們可以在其中聽到耶穌向我們說話。上帝的聖言也令我們能夠聽到耶穌在聖經的話中說話。我們可以聽到這些話語作為永生的話語。在相信這話語時，我們對基督有信心，進入這以聖言為中心的新生命方式中，而聖言從一開始便與聖父一起。靈閱尋求將給基督徒生命它的獨特模樣的聖言變成屬於我們。

這是耶穌在約翰福音與門徒說的最後一番話中，就聖靈所說的話語的一部分：

約翰福音十四章15至17節、23至26節

[15]「你們若愛我，就必遵守我的命令。[16]我要求父，父就
另外賜給你們一位保惠師，叫他永遠與你們同在，[17]就
是真理的聖靈，乃世人不能接受的；因為不見他，也不
認識他。你們卻認識他，因他常與你們同在，也要在你
們裏面……」
[23]耶穌回答說：「人若愛我，就必遵守我的道；我父也必愛
他，並且我們要到他那裏去，與他同住。[24]不愛我的人就
不遵守我的道。你們所聽見的道不是我的，乃是差我來之
父的道。[25]我還與你們同住的時候，已將這些話對你們說
了。[26]但保惠師，就是父因我的名所要差來的聖靈，他要
將一切的事指教你們，並且要叫你們想起我對你們所說
的一切話。」

聆聽耶穌不單是聆聽一個故事；那是關於實行祂所說的話，遵守祂的誡命。耶穌說好像這樣活著的信心是與聖靈一起活，幫助我們在知識和理解中成長，更完滿，或更「豐盛」地生活（比較約十 10）。有趣的是，留意耶穌實際上怎樣說：聖靈藉著提醒我們耶穌自己說過的

話，引導我們進入一切的真理。雖然祂只用祂稱為蒙起來的語言說話（十六 25），我們是藉著居住在那話中，記得它，思想它——我們稱為「默想」它——而能夠在理解中成長。

因此，不單聖言和祂的父住在我們裏面（十四 23），聖靈也在我們的思想和心裏工作。我們在活三位一體的生命中，或者這生命活在我們裏面，因為我們令那話成為我們的家。生命這由聖靈充滿的動力正是耶穌所說的祂的和平恩賜。

約翰福音十五章7至14節

[7]「你們若常在我裏面，我的話也常在你們裏面，凡你們所
願意的，祈求，就給你們成就。[8]你們多結果子，我父就因
此得榮耀，你們也就是我的門徒了。[9]我愛你們，正如父愛
我一樣；你們要常在我的愛裏。[10]你們若遵守我的命令，
就常在我的愛裏，正如我遵守了我父的命令，常在他的愛
裏。[11]這些事我已經對你們說了，是要叫我的喜樂存在你
們心裏，並叫你們的喜樂可以滿足。[12]你們要彼此相愛，像
我愛你們一樣；這就是我的命令。[13]人為朋友捨命，人的
愛心沒有比這個大的。[14]你們若遵行我所吩咐的，就是我
的朋友了。」

在約翰心裏，這和平，這三位一體在耶穌門徒裏的居住，是深刻的經驗。它是耶穌自己個人的經驗，祂的愛和喜樂（9、11節）；但如果它是祂愛的經驗，它便應該令我們效法祂的愛，效法祂為朋友捨命（13節）。

耶穌的話也給我們的禱告權威（7節）：由於我們學懂按聖父的旨意祈求，所以無論我們求甚麼，祂都會賜給我們。但那不單是與上帝的私人「交易」。聖父在我們裏面得榮耀，我們也證明是耶穌的門徒，歸榮耀給祂，因為我們好像耶穌那樣順從聖父。這就是我們帶來的豐盛果子。

我們應該將這裏隱含的思路，連繫到耶穌較早時就祂自己的話所說的話。祂宣稱有權威，因為祂不單說話，也實行聖父命令祂的事（四 34），祂的信息是真的，因為祂已經見過聖父（三 32，五 19~20）。因此，對讓我們這些接受祂的話語，並到最後都靠它而活的人，耶穌清楚地談及聖父，沒有運用比喻，我們會真正能夠奉耶穌的名禱告，是我們以前不能夠的（約十六 25~28；比較 16~24）。

守著耶穌的話可以改變我們的心，也轉化我們的生命。它教導我們好像基督那樣犧牲地生活。

這就是耶穌在和門徒說話後為門徒，為所有聽了祂的話，

並透過門徒會聽祂的話的人禱告時，心裏想到的：

約翰福音十七章13至14節、17至19節、26節

[13]「現在我往你那裏去，我還在世上說這話，是叫他們心
裏充滿我的喜樂。[14]我已將你的道賜給他們。世界又恨他
們；因為他們不屬世界，正如我不屬世界一樣……」
[17]「求你用真理使他們成聖；你的道就是真理。[18]你怎樣差
我到世上，我也照樣差他們到世上。[19]我為他們的緣故，
自己分別為聖，叫他們也因真理成聖……」
[26]「我已將你的名指示他們，還要指示他們，使你所愛我
的愛在他們裏面，我也在他們裏面。」

再次，那些觀念是在謹守耶穌的話中找到喜樂的經驗，並認識真理。這裏將真理描述為聖潔的來源，我們藉以分享耶穌的聖潔。祂為了我們奉獻自己；我們在祂的話語中找到奉獻。耶穌的奉獻是指祂自己為了我們的救恩而死。我們應邀發現的聖潔同樣昂貴。在禱告結束時，耶穌將對上帝的知識與無知作對比；認識耶穌就是認識聖父。但耶穌因為那無知而被殺；讓人認識聖父的愛並非總是受歡迎的。但耶穌的愛與我們分享，祂在所有時間與聖父分享的愛是我們蒙召與世界分享的愛，藉以令祂的名為人所知。這樣我

們便可以認識耶穌愛我們的愛，分享祂的喜樂。

這些是耶穌在受苦前最後說的話。聆聽耶穌自己在門徒中間向祂的父奉獻的禱告是美好的。我們聆聽這些話時，發覺我們自己有十二門徒相伴，圍繞最後晚餐的桌前，那晚餐變成了我們與主聯合的筵席，在其中我們發覺我們與彼此的團契——雖然我們知道這團契因為我們的出賣和缺乏信心而受到破壞。但在我們的軟弱中，我們珍惜主的話，這話見證祂不死的愛。每次我們將聖經帶到自己面前，尋求接受主向我們每個人說的話，我們都應邀享用祂的愛，在祂裏面找到憐憫、力量、智慧和生命。

結　語

我們來到這本書的結尾。作為結束，我只想從自己靈閱的經驗中給讀者一些鼓勵。我自己對靈閱的發現得益於大學時的一位同學。我從年少開始便閱讀聖經，在那層面，我頗為熟悉那些故事。對經常參加教會聚會的人來說，毫不令人驚訝的是，我對基督教信仰的基本事情感興趣。在少年時的自負中，我探討聖經學者的「發現」和教義歷史的變遷，因為對基督教信仰的權威可以受到批評和那麼容易「被看透」而感到興奮。當然，我一直都不知道自己在削弱自己信仰的基礎，而當我進入大學時，那基礎便開始崩潰和倒塌。幸好禱告是真實的。但當我真正需要神上帝——我心靈深處知道上帝是最真實的——我只能夠聽到深沉、頗為令人沮喪的寂靜。

兩件事情拯救了我。首先，我發覺基督徒羣體的基本重要性，在那裏信仰得到承認和歡慶；那是羣體的見證，而不是你擁有或不擁有的個人財產。聖經在所有基督徒崇拜的核心，是要從基督徒羣體的信仰來聆聽的。它是對那羣體的信仰的來源和開始的成長，以及羣體從首約中上帝的百姓那漫長的宗教發展中浮現的見證。因此，它是基督徒生命的法官和推動者。無論學術評語應該對它說甚麼，它的權威都不是因為它由人寫作，它也不是只根據那些條件來分析從而得到理解。我們只有藉著接受上帝需要使用人類想像力的限制和人類歷史的短暫，才可能視上帝的話為可以用人類的語言說出來。上帝可以在壞事中生出好事。

第二，我發覺上帝確實說話，但我從沒有真正聆聽祂。我一直都只顧自己說話。那令人不安的沉默令我害怕，一旦我稍為習慣了，它便繼續將我朝它拉去。它變成一個空間，讓我開始分辨我在聖經中聽到的聲音的回聲。或者它幫助我聆聽那安靜，讓那安靜「說話」。

還有很多話可以說，但那會超越這本書的目的。重點是靈閱是學習注意上帝的一種方法，並聆聽祂向我們每個人說的話，無論我們在哪裏，無論我們做甚麼，關心甚麼問題或事件。雖然這本書的篇幅不長，但靈閱並不難學習。無論我們的信心有多弱或多強，我們都可以開始。那只是關乎聆聽。但要付諸實行則比較困難！不過那困難是對信心的挑戰。而上帝應許過永遠不會將我們留在困境中，只要我們求祂幫助，並運用祂給予的幫助。

在約翰福音，耶穌將自己比作好牧人（約十 1~18）。祂認識祂自己的羊，祂的羊也認識祂。祂按我們每個人的名字稱呼我們，帶領我們出入。羊跟隨祂，因為牠們聽到祂的聲音，牠們也知道祂帶領牠們到好的草地，也會帶牠們安全地回到祂父的羊圈。我很難想到更有力的圖畫，表明我們在學習聆聽上帝的話，也就是我們在聖經中接受的話，並以它為糧時，我們可以發現甚麼。

「我來了，是要叫羊得生命，並且得的更豐盛。」如果我們想得到生命，並看見好日子，上帝向我們說話，讓我們看見找到生命的路。我們只需要跟從祂的聲音。

讀者意見表

緊扣時代 服事教會

以文字傳揚基督真道

衷心多謝你購買本社書籍。本社一直致力以出版事工服事教會，幫助信徒扎根於神的話語，促進靈命增長。為使我們的出版更能滿足你的需要，請填寫下列各項資料，並寄回或傳真予本社。

所購書籍：________________

本書最吸引你的地方：
☐作者 ☐適切性 ☐文筆 ☐設計 ☐實用性
☐其他：________________

購買本書地點：
☐基道書樓 ☐基督教書店 ☐非基督教書店

性別：☐男 ☐女 職業：________________

信仰：☐基督徒 ☐非基督徒

年齡：☐ 16 歲或以下 ☐ 17～25 歲 ☐ 26～35 歲
☐ 36～55 歲 ☐ 56 歲或以上

學歷：☐中三或以下 ☐中五 ☐預科
☐大學 ☐研究院

☐我欲更多了解基道出版社的事工及考慮支持，請寄給我下列資料：
☐機構簡介 ☐新書資料 ☐基道會員通訊
☐《基道文字事工通訊》

姓名：________________ 電話：________________

地址：________________

____

傳真：________________ 電子郵件：________________

其他意見：________________

____

多謝賜教！

意見表可以傳真（2687-0281）或直接郵寄以下地址：
香港沙田火炭坳背灣街26號富騰工業中心1011室
基道出版社編輯部收